소크라테스와
CRM

소크라테스와 CRM

2011년 7월 5일 초판 발행 | 2017년 4월 17일 5쇄 발행
지은이 · 김영걸, 트위터 수강생들 지음

펴낸이 · 김상현, 최세현
마케팅 · 권금숙, 김명래, 양봉호, 임지윤, 최의범, 조히라
경영지원 · 김현우, 강신우 | 해외기획 · 우정민
펴낸곳 · (주)쌤앤파커스 | 출판신고 · 2006년 9월 25일 제406-2012-000063호
주소 · 경기도 파주시 회동길 174 파주출판도시
전화 · 031-960-4800 | 팩스 · 031-960-4806 | 이메일 · info@smpk.kr

ⓒ 김영걸 (저작권자와 맺은 특약에 따라 검인을 생략합니다)
ISBN 978-89-6570-028-9(03320)

- 이 책은 저작권법에 따라 보호받는 저작물이므로 무단전재와 무단복제를 금지하며, 이 책 내용의 전부 또는 일부를 이용하려면 반드시 저작권자와 (주)쌤앤파커스의 서면동의를 받아야 합니다.

- 이 책의 국립중앙도서관 출판시도서목록은 서지정보유통지원시스템 홈페이지(http://seoji.nl.go.kr)와 국가자료공동목록시스템(http://www.nl.go.kr/kolisnet)에서 이용하실 수 있습니다.
  (CIP제어번호: CIP2014008174)

- 잘못된 책은 바꿔드립니다.   • 책값은 뒤표지에 있습니다.

> 쌤앤파커스(Sam&Parkers)는 독자 여러분의 책에 관한 아이디어와 원고 투고를 설레는 마음으로 기다리고 있습니다. 책으로 엮기를 원하는 아이디어가 있으신 분은 이메일 book@smpk.kr로 간단한 개요와 취지, 연락처 등을 보내주세요. 머뭇거리지 말고 문을 두드리세요. 길이 열립니다.

카이스트 MBA 김영걸 교수의 트위터 강의록

소크라테스와 CRM

| 김영걸 · 트위터 수강생들 지음 |

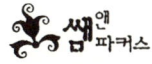

PROLOGUE

트위터로 CRM을 배운다?

2009년 12월 아이폰을 구입하고 2010년 2월에 트위터의 세계에 입문했다. 처음에는 남들처럼 빌 게이츠나 오바마 대통령, 이외수 작가 같은 유명 인사들의 글을 열심히 팔로우했으나, 곧 지루해졌다. 모든 글들이 비슷한 유형이었기 때문이다.

남들과 똑같은 트위터 말고, '교수'라는 내 직업을 살린 뭔가 새로운 시도를 해볼 게 없을까? 그렇게 생각하다가 떠올린 아이디어가 바로 이것이었다.

'트위터로 강의를 해보면 어떨까?'

트위터 공간에서 불특정 다수를 대상으로 KAIST 강의를 진행한다면 '세계 최초의 트위터 대학강의'가 되지 않겠는가. 140자의 제약조차 색다른 형식이 될 수 있겠다는 생각에 과감히 도전해보기로 했다. 과목은 일반인들도 관심을 가질 만한 '고객관계관리(CRM).' 문제는 강의방식이었다. 트위터라는 제한된 공간을 감안하면 내가 주요 개념을 상세하게 설명하는 것이 현실적으로 거의 불가능했다. 그래서 고민 끝에 강사인 나는 소크라테스처럼 질문만 던지고 팔로워들로부터 좋은 답변이 올라오면 다른 수강생들에게 공유(retweet, RT)해주는 방식을 취하기로 했다(그래서 강좌명도 '소크라테스와 CRM'이라고 정했다).

2010년 6월 5일 오후 1시 42분, "고객이란 누구인가?"로 첫 질문을 던졌다. 어떤 참신한 답변이 올라올까… 기대에 부풀었던 마음은 시간이 갈수록 점차 초조함으로 바뀌었다. 밤 10시가 넘도록 아무런 답도 올라오지 않았던 것. 급기야 '수강미달'로 폐강을 시키려던 찰나, 몇 년 전 KAIST MBA 과정을 졸업하고 CJ오쇼핑 팀장으로 근무 중인 강철구 씨가 불쑥 정답을 올려 위기를 모면했다. 그것이 아이스 브레이킹(ice breaking)이었는지, 두 번째 질문에는 두 개의 답이, 세 번째 질문에는 세 개의 답이 (그것도 아주 참신하고 재미있는 내용들이) 올라오기 시작했고, 이렇게 하루에 한두 개씩 올리다 보니 100일이 지난 2010년 9월 15일 나는 드디어 100번째이자 마지막 질문을 올리게 되었다.

　트위터 강의가 끝난 후 유종의 미를 거두기 위해 오프라인 정리 특강을 진행했다. 그때 나의 수강생들을 처음 만난 셈이다. 그런데 그들과 얘기를 나누던 중에 생각지 못했던 문제가 드러났다. 이분들이 워낙 바쁘다 보니 나의 CRM 강의에 처음부터 끝까지 참여하지 못했던 것이다. 게다가 트위터의 성격상 강의내용이 일목요연하게 눈에 들어오지 않는다는 문제도 있었다. 수강생들은 복습은 물론 향후 실무에 활용하기 위해서라도 그간의 강의내용을 정리한 CRM 강의록을 만들어줄 것을 부탁해왔다. 나 또한 KAIST 학생들과는 비교할 수 없을 정도로 다양한 지식과 현장경험을 지닌 수많은 마케팅·고객관리·IT 전문가들과 CRM의 핵심 이슈들에 대해 나눈 주옥과도 같은 질의 응답 내용들을 사장시키고 싶지 않았다. 그래서 가을학기의 분주함 속에서도 틈틈이 시간을 내어 이 강의록을 완성했다.

'트위터 강의' 자체가 실험적인 만큼 강의록도 그에 걸맞게 혁신적이어야 하지 않을까? 그래서 기존의 교과서 형식을 탈피해 트위터의 현장감과 생동감을 최대한 살리는 형태로 책을 내기로 했다. 기승전결의 서술구조를 따르지 않고 트위터에서 수강생들과 나눈 대화를 시간 순으로 그대로 옮겨놓았다. 구어체를 그대로 두고, 때로는 영어 표현이나 인터넷 용어까지도 용인하며 교정을 최소화했다. 트위터에 익숙하지 않은 분들은 낯선 형식에 다소 당황하실지 모르겠지만, 금방 적응이 되리라 생각한다. 아울러 일간지에 기고했던 칼럼과 관련 기사를 각 장 말미에 실어 그동안 논의했던 주요 개념을 정리해보는 시간을 마련했다.

엄밀히 말해 이 책은 CRM 개론서라기보다는 실전 매뉴얼 형태에 가깝다. 따라서 목차의 순서와는 무관하게 본인이 관심 있는 주제나 질문부터 읽기 시작해도 큰 무리는 없을 것이다. 수강생들이 현업에 종사하는 분들 위주였기에, 이 책에 실린 내용 또한 현재 마케팅이나 세일즈, 고객관리 등에 종사하는 실무자들이나 기타 고객 접점을 다양한 채널에서 관리하고 계신 분들께 유용한 힌트를 줄 수 있으리라 생각한다. CRM에 대해 공부를 시작한 분들이라면, 현장에서 CRM이 어떻게 적용되고 있는지 살필 수 있는 좋은 창(窓)이라 생각하고 읽어주시기를 당부드린다.

마지막으로 무더운 여름 석 달 동안 때로는 난해한 나의 질문들과 씨름하면서도 알찬 내용의 답변들을 밤낮으로 올려준 트위터 CRM 수강생 분들, 자사의 CRM 관련 기사 및 칼럼을 이 책에 실을 수 있도록 흔쾌히 수락해주신 조선일보, 동아일보, 전자신문사 관계자 분들, 트위터가 안 되는 중국 출장 중 지도교수 대신 '아바타 강사' 역할을 해준 KAIST 손지현 조교, 트위터 강의에 빠져 여행 중에도 식사 중에도 데이트 중에도 스마트폰에만 시선을 고정시킨 남편을 100일간이나 '양해'해준 아내 영선과, 시간 역순으로 저장된 어지러운 트위터 강의 원문을 현재의 모양으로 꼼꼼하게 정리해준 딸 지인에게 심심한 감사의 뜻을 전한다.

2011년 6월
KAIST 홍릉 캠퍼스에서
@dominomoi 김영걸

• CONTENTS •

PROLOGUE 트위터로 CRM을 배운다? • 4

1장 Definition of Customer
고객정의 : 누가 나의 고객인가? 나는 누구의 고객인가? • 20

1. Socrates & CRM Q1 : 고객이란 누구인가?
2. Socrates & CRM Q2 : 애견병원의 고객은 누구?
3. Socrates & CRM Q3 : 소아과의 고객은 누구?
4. Socrates & CRM Q5 : 나는 동네 주유소의 고객인가, 정유회사의 고객인가?
5. Socrates & CRM Q14 : 공연 관람객들은 제작사, 공연기획사, 티켓 예매사, 공연장 중 누구의 고객일까?

CRM issue | '바나나우유'의 고객 DB는 어디에?

2장 Core Customer Creation
핵심고객 창출 : 누가 나의 VIP인가? • 32

1. Socrates & CRM Q4 : 최우선적으로 집중해야 할 대상은?
2. Socrates & CRM Q7 : 이동통신 고객 A, B 중 핵심고객 후보는?
3. Socrates & CRM Q8 : 피자헛 고객 김철수 씨의 미래 고객가치는?
4. Socrates & CRM Q9 : 일반고객보다 충성고객이 수익성 향상에 기여하는 이유?

5. Socrates & CRM Q10 : 충성고객과 단골 간의 관계는?

6. Socrates & CRM Q11 : 충성고객은 백화점매장, 직영점, 아울렛 중 어디에?

7. Socrates & CRM Q33 : 단골고객은 수익성에 플러스인가, 마이너스인가?

8. Socrates & CRM Q60 : 영화산업의 핵심고객은 누구일까?

CRM issue | 매출 많이 올려준다고 VIP는 아니다

3장 Strategic Use of Customer Information
고객정보의 전략적 활용 : 고객과 공정하게 만족을 주고받아라 • 50

1. Socrates & CRM Q15 : 우리 공연장의 티켓 판매 대행회사가 자체 공연장을 짓는다면 대응전략은?

2. Socrates & CRM Q18 : 분유회사 고객정보의 활용에 관심이 있을 만한 회사들은?

3. Socrates & CRM Q25 : 식당 계산대에서 명함추천 이벤트를 활성화하는 방안은?

4. Socrates & CRM Q30 : 공연예매 사이트들의 고객정보 활용에 관심이 있는 업종은?

5. Socrates & CRM Q31 : 공연제작사 또는 금융기관이 VIP고객 정보 공유를 위해 제공할 수 있는 인센티브는?

6. Socrates & CRM Q32 : 해피포인트 카드의 고객정보 수집전략의 장단점은?

7. Socrates & CRM Q38 : 전자회사에서 고객등록을 유도하는 전략은?

8. Socrates & CRM Q71 : 서울 근교 퍼블릭 골프장 L사장의 고객증대 전략은?

CRM issue | '퍼주기 CRM', '퍼먹기 CRM' 모두 No!

4장 Customer Acquisition
고객획득 : 어떤 고객을, 어떻게 확보할 것인가? • 70

1. Socrates & CRM Q16 : 전국의 임신부들을 분유회사가 파악할 수 있는 방법은?
2. Socrates & CRM Q17 : 자동차회사가 잠재고객을 파악할 수 있는 방법은?
3. Socrates & CRM Q19 : 획득하기는 쉬운데 유지하기 어려운 고객(A)과, 획득은 어렵지만 유지하기 쉬운 고객(B)은?
4. Socrates & CRM Q 20 : 획득도 유지도 쉬운 고객(C)과 획득하기도 유지하기도 어려운 고객(D)은?
5. Socrates & CRM Q21 : Q19와 Q20의 A, B, C, D 고객유형 중 유통업에서 인당 수익기여가 가장 높은 유형은?
6. Socrates & CRM Q26 : 신용카드업계의 어피니티 카드 마케팅의 목적은?
7. Socrates & CRM Q27 : F&F, MGM 등 기존고객 대상 전략이 성공하려면?

CRM issue | 때로는 고객을 경쟁사로 보낼 수도 있어야 한다

5장 Customer Retention
고객유지 : 고객과의 '두 번째 만남'을 준비하라 • 92

1. Socrates & CRM Q22 : 식당의 10회 도장 쿠폰, 그 효과를 높이는 방법은?
2. Socrates & CRM Q23 : CRM 관점에서 빈도 마케팅의 장단점은?
3. Socrates & CRM Q24 : 식당, 미장원, 영화관, 놀이공원 중 도장 쿠폰 효과가 가장 좋은 곳은?
4. Socrates & CRM Q28 : 백화점의 'Rule of Two'의 의미?

5. Socrates & CRM Q29 : 백화점 외에 'Rule of Two'가 중요한 산업들은?
6. Socrates & CRM Q34 : 항공사 마일리지 프로그램의 가치와 비용은?
7. Socrates & CRM Q35 : 고객 마일리지 프로그램 설계 시 반영해야 할 것들은?
8. Socrates & CRM Q36 : 항공사 마일리지 프로그램 vs OK캐시백, 장단점은 무엇?
9. Socrates & CRM Q46 : 기업들이 OK캐시백과 제휴할 경우의 장점과 단점은?
10. Socrates & CRM Q53 : 고객의 이탈 원인을 잘 파악할 수 있는 방안은?

CRM issue | 김 과장은 누구에게 사은품을 보내야 할까?

6장 Customer Expansion
고객강화 : '만족'을 '충성'으로 진화시켜라 • 116

1. Socrates & CRM Q43 : 마트에서 우유를 구매한 고객이 시리얼도 살 확률은?
2. Socrates & CRM Q47 : 우유와 시리얼 간 교차판매 전략은?
3. Socrates & CRM Q58 : 〈레옹〉과 〈올드보이〉를 모두 관람한 고객에게 권해야 할 영화는?
4. Socrates & CRM Q59 : 극장이나 영화예매 사이트에서 타깃화된 관람유도를 하지 못하는 이유는?
5. Socrates & CRM Q61 : 여름 액션대작, 어떤 장르 관람객에게 홍보해야 할까? 코믹? 멜로? 스릴러?
6. Socrates & CRM Q75 : 아마존닷컴의 교차판매 비결은?
7. Socrates & CRM Q76 : 이코노미석 이용자를 비즈니스석으로 이동시키는 전략은?
8. Socrates & CRM Q77 : 고객들의 '적극적 관계유지'나 '친기업 활동'을 강화하는 방안은?

9. Socrates & CRM Q6 : 고객만족도 90%, 재구매 의향 80%, 그런데 NPS 지수는 -14%. 왜 그럴까?

CRM issue | 회사에 부족한 2%를 채워 '충성고객'을 만들어라

7장 B2C Case Study
B2C CRM 사례연구 • 136

1. Socrates & CRM Q40 : 종합병원의 고객가치 평가지표 항목은?
2. Socrates & CRM Q41 : 종합병원 응급실에서 소아환자를 효과적으로 수용하는 방안은?

Case Study | 의사들, 가운 벗고 고객만족을 배우다

3. Socrates & CRM Q42 : 종합병원과 특급호텔의 고객 획득 · 유지방안?
4. Socrates & CRM Q44 : 아이폰4의 수신불량 사태! 당신이 스티브 잡스라면?
5. Socrates & CRM Q45 : 아이폰4를 출시하는 KT는 어떻게 하면 애플보다 잘할 수 있을까?
6. Socrates & CRM Q49 : 입에 거품을 물고 갤럭시S를 전도하는 핵심고객을 창출하는 방안은?
7. Socrates & CRM Q50 : 기계가 아니라 회사가 좋아서 갤럭시S를 찾는 고객을 창출하려면?
8. Socrates & CRM Q54 : 홈쇼핑사에서 휴면고객을 활성화하기 위한 방안은?
9. Socrates & CRM Q55 : 조선일보 고객 포트폴리오의 문제점과 개선방안은?
10. Socrates & CRM Q56 : 한겨레신문 고객 포트폴리오의 문제점과 개선방안은?
11. Socrates & CRM Q62 : 기존 브랜드 고객을 비슷한 컨셉의 신규 브랜드로 무사

히 갈아타게 하는 방법은?

12. Socrates & CRM Q63 : 고객연령이 높아진 여성복 브랜드. 기존의 브랜드 컨셉을 바꾸어야 할까?

13. Socrates & CRM Q64 : 신사복 구매 여성들을 공략하는 교차판매 전략은?

14. Socrates & CRM Q65 : 에버랜드에도 CRM이 필요할까?

15. Socrates & CRM Q72 : 멤버십 골프장과 콘도의 회원관리 방안은?

16. Socrates & CRM Q74 : 이마트와 롯데마트의 가격경쟁을 구경만 하는 홈플러스. 이들의 전략은?

17. Socrates & CRM Q81 : 대한민국 군대의 CRM은?

Case Study | 매일유업 CRM 프로젝트

8장 B2B Case Study
B2B CRM 사례연구 • 180

1. Socrates & CRM Q57 : 조선일보나 한겨레가 광고주의 충성도를 높이는 방안은?

2. Socrates & CRM Q66 : B2B기업의 CRM은 B2C기업의 CRM과 어떤 점에서 근본적으로 다른가?

3. Socrates & CRM Q67 : 고객사의 스위칭 코스트를 극대화하는 방안은?

4. Socrates & CRM Q68 : 제약회사가 약사들과의 관계를 공고히 하는 방법은?

5. Socrates & CRM Q69 : CRM만큼 중요한 PRM. PRM을 잘하는 기업들의 특징은?

6. Socrates & CRM Q70 : 멀티플렉스 극장이 영화제작사들과의 PRM을 잘할 수 있는 방법은?

7. Socrates & CRM Q85 : 개인과 기업, 누가 NGO를 더 오래 후원할까?

8. Socrates & CRM Q86 : 후원기업의 사장님이 바뀌어도 관계를 유지하기 위한 NGO의 방안은?

CRM issue | 다시 주목받는 CRM

9장 Customer Experience Management
고객경험관리 : 어떤 체험을 선사할 것인가? • 198

1. Socrates & CRM Q39 : 배송약속을 지키지 못하게 된 홈쇼핑회사의 대응방안은?

2. Socrates & CRM Q48 : 식당은 AS가 아니라 BS가 중요하다?

3. Socrates & CRM Q78 : 콜센터, 온라인, 모바일… 고객소통채널에 따른 활용방안은?

4. Socrates & CRM Q79 : 안티 사이트가 마구 생겨나는 건설회사에서 가장 먼저 해야 할 것은?

5. Socrates & CRM Q80 : 고객불만을 감동으로 바꾸기 위한 조건은?

6. Socrates & CRM Q83 : 블랙리스트 고객 처리방안

7. Socrates & CRM Q87 : 동네 미장원의 맞춤화된 서비스 아이디어는?

8. Socrates & CRM Q88 : B2B 영업을 하는 회사들의 맞춤화된 서비스 아이디어는?

9. Socrates & CRM Q91 : '욕쟁이 할머니'에게는 CRM이 필요 없을까?

10. Socrates & CRM Q92 : CEM은 CRM의 미래다?

11. Socrates & CRM Q94 : 트위터와 포스퀘어가 CRM에 미치는 영향은?

12. Socrates & CRM Q96 : CMR은 가능할까?

CRM issue | 그들은 왜 당신을 떠났는가?

10장 CRM Implementation Strategies
CRM 실행전략 : 신바람 나는 CRM의 필요조건은? • 224

1. Socrates & CRM Q51 : CRM 고수기업은 고객을 어떻게 세그먼테이션하여 관리하는가?
2. Socrates & CRM Q52 : CRM 고수기업은 어떻게 고객을 획득하는가?
3. Socrates & CRM Q73 : 온라인 게임 개발과정에서 배울 수 있는 CRM 인사이트는 무엇?
4. Socrates & CRM Q82 : 금연, 주류판매 금지 선포한 강원랜드의 전략은 성공 or 실패?
5. Socrates & CRM Q84 : CRM 마스터플랜을 수립할 때 현황진단의 대상 및 주요 활동은?
6. Socrates & CRM Q90 : 조직 구성원들에게 고객중심 경영 마인드를 심어주기 위한 방안은?
7. Socrates & CRM Q93 : CRM 조직은 마케팅 소속 or 영업부 소속? 그도 아니면?
8. Socrates & CRM Q95 : CRM실 H실장은 누구를 직원으로 뽑아야 할까?
9. Socrates & CRM Q97 : CRM실에서 가장 먼저 발표해야 할 내용은?
10. Socrates & CRM Q98 : CRM 결과에 시큰둥한 현업 팀장들. 무엇이 문제일까?
11. Socrates & CRM Q99 : CRM 1년 성과보고 자리. 당신은 어떤 지표를 발표하겠는가?

CRM issue | 고객 아는 지름길, IT 아닌 '프로세스'에 있다

11장 Why CRM?
왜 CRM인가? • 252

1. Socrates & CRM Q12 : 박중훈 씨가 트윗하면서 느끼는 CRM의 가치는?
2. Socrates & CRM Q13 : 시장점유율과 고객점유율의 차이는?
3. Socrates & CRM Q37 : CRM 명예의 전당에 오를 만한 국내기업은?
4. Socrates & CRM Q89 : 고객중심의 기업문화를 꽃피우기 위해 CEO가 해야 할 일은?
5. Socrates & CRM Q100 : CRM이란 무엇인가?

EPILOGUE 강호의 고수들과 함께한 CRM 실전기 • 263

트위터로 강의를 한다면 어떤 방식이 좋을까요? 제가 KAIST에서 강의중인 CRM을 소크라테스 방식으로 진행해보겠습니다. ^^ 1:36 PM Jun 5th via TwitBird iPhone

Definition of Customer

고객정의 :

누가 나의 고객인가?
나는 누구의 고객인가?

 Definition of Customer

1. Socrates & CRM Q1 : 고객이란 누구인가? '객'은 손님이란 뜻일 텐데 그럼 '고'는? 1:42 PM Jun 5th via TwitBird iPhone

네, CRM 첫 질문의 답은 CJ오쇼핑 강철구 님이 보내주신 대로입니다. 고객의 '고'는 '돌아볼, 보살필 고(顧)'입니다. '높을 고(高)'는 아니지요. ^^ 10:59 PM Jun 5th via TwitBird iPhone in reply to LeapOfChange
'뒤돌아본다. 뒤돌아보고 걱정해주는 손님.'

2. Socrates & CRM Q2 : 영희네 가족이 집에서 키우는 치와와 '예뻐' 예방접종하러 애견병원에 왔습니다. 자, 병원장님의 고객은 누구일까요? 판단 기준은? 11:11 PM Jun 5th via TwitBird iPhone

RT @enhanced75 영희네 아빠요! 돈을 내야 고객이죠. ^^ 11:53 PM Jun 5th via TwitBird iPhone in reply to enhanced75

RT @ydyoyo 영희네 가족. 근거 : 예삐는 삼성전자의 TV와 같은 개념, 즉 고객과 기업의 관계를 이어주는 매개체라 생각합니다. 일단 고객은 사람이어야 하지 않나요, 교수님? 11:08 AM Jun 6th via TwitBird iPhone in reply to ydyoyo

영희네 아빠나 가족만이 고객이라면 이 애견병원은 앞으로 영희네 가족 관련 데이터만 주로 수집·분석해야 할지요? ^^ 1:32 PM Jun 6th via TwitBird iPhone

---

3. Socrates & CRM Q3 : 이번에는 영희가 아파서 엄마랑 소아과에 왔습니다. 이 소아과의 고객은 누구일까요? 1:36 PM Jun 6th via TwitBird iPhone

---

RT @buddy_kr 영희 엄마에게 병원 선택의 폭이 넓다고 가정한다면 고객은 영희 엄마라고 생각합니다. 고객의 기준은 서비스나 상품을 선택하고 대가를 지불하는 사람이 아닐까요? 3:33 PM Jun 6th via TwitBird iPhone

Chapter 1 Definition of Customer

RT @lovelybbo 고객은 영희, 엄마는 stakeholder??? 엄마는 돈을 내지만 영희가 잘 치료되면 그 가치를 가져가는… 3:34 PM Jun 6th via TwitBird iPhone

네, 저도 그렇게 생각한답니다. ^^ RT @LeapOfChange 고객의 인지가치를 높이고자 한다면 영희와 엄마 모두가 고객 아닐까요? 5:46 PM Jun 6th via TwitBird iPhone in reply to LeapOfChange

CRM Q2~Q3 tip : 예쁘나 영희처럼 돈을 내지 않더라도 여러분 회사 서비스의 소비주체라면 고객이고 데이터 분석 및 관리의 대상이 됩니다. ^^ 10:38 PM Jun 6th via TwitBird iPhone

4. Socrates & CRM Q5 : 동네 주유소에서 기름을 넣으면 주유소카드와 정유회사카드 양쪽에 마일리지를 넣어줍니다. 저는 어느 쪽의 고객일까요? 조건은? 4:56 PM Jun 7th via TwitBird iPhone

다른 분들도 동의하시나요? ^^ RT @buddy_kr 전 정유회사 고객이라고 생각합니다. 고객의 니즈가 발생하는 시점이 고객의 집 앞 주유소가 아닐 경우가 더 많다고 생각됩니다. 하지만 정유 브랜드의 선택이 더 쉬우니까요. 9:56 PM Jun 7th via TwitBird iPhone

RT @LeapOfChange 좀 어려운데요. ^^ 주유소의 고객입니다. 정유회사는 오퍼도 주고 이로써 록인(lock-in)효과도 있지만 '관계'를 형성하긴 어렵지 않을까요? 9:57 PM Jun 7th via TwitBird iPhone

RT @namjungkim 교수님, 매일유업과 0to7의 온라인 멤버십/마일리지와 같은 맥락이네요. 요새 계속 고민 중인데… 정답이 있는 건가요? 11:30 PM Jun 7th via TwitBird iPhone

Q5 정답입니다. ^^ RT @Creative_Jin 양쪽 다 고객일 수는 있겠으나, 만약 고객이 동네 주유소에서 제공하는 value에 만족하고 동네 주유소만 다닌다면 주유소 고객이고, 정유사 브랜드가 붙은 전국의 모든 주유소를 안 가리고 다닌다면 정유사 고객일 것 같습니다. ^^

5. Socrates & CRM Q14 : 오페라나 뮤지컬을 보러 공연장을 찾는 관객들은 제작사, 공연기획사, 티켓 예매사, 공연장 중 누구의 고객일까? 이유는? 3:01 PM Jun 15th via TwitBird iPhone

그렇다면 고객들이 공연장을 먼저 정하고 공연을 선택할까요, 아니면 그 반대일까요? 영화관은 또 어떨까요? ^^ 5:22 PM Jun 15th via

TwitBird iPhone in reply to st_ragi 공연장의 고객이 아닐까요. 기획사나 제작사 등은 말하자면 공연장이 제공하는 서비스의 일부를 공급하는 입장이라고 생각합니다. 스타벅스에서 조선호텔이 공급한 빵을 사도 스타벅스 고객인 것처럼요.

맞습니다! ^^ RT @st_ragi 물론 공연을 먼저 선택하는 경우가 대부분이라고 생각합니다. 다만 상설 공연장의 경우라면 고객이 선택할 상품(연극)을 잘 고르는 것이 중요하겠지요. 경기장 등을 활용하는 특설 공연이라면 기획사의 고객으로 보는 것이 적절할 듯싶고요. 6:41 PM Jun 15th via TwitBird iPhone in reply to st_ragi

그렇습니다. ^^ RT @st_ragi 영화관이라면 더욱 확실히 영화관의 고객이겠죠. 제작자와 공급자는 영화관을 고객으로 두는 게 맞을 듯싶고요. 제작자의 입장에선 자기의 고객이 누구라고 설정하는 것에 따라 다른 전략을 세워야 하니 생각을 많이 해야겠군요. 6:42 PM Jun 15th via TwitBird iPhone in reply to st_ragi

그렇지요? ^^ RT @Creative_Jin 고객정보의 소유 측면에서 티켓예매사일 것 같습니다. 그런데 고객이 느끼는 실제 value 제공자가 아니어서 고민스럽네요~ ^^ 6:44 PM Jun 15th via TwitBird iPhone in reply to Creative_Jin

네, 안타깝게도 현재는 그런 것 같습니다. RT @arim1004 티켓 예매사의 고객일 확률이 젤 높아요. 가장 최신의 고객정보가 1차적으로 쌓이므로. 8:55 AM Jun 16th via TwitBird iPhone in reply to arim1004

정확한 분석이십니다. 그래서 공연장들이 고객충성도를 높이고자 요즘 많은 고민들을 하고 있답니다. ^^ 9:47 AM Jun 17th via TwitBird iPhone in reply to jinaserena 제작사 공연기획사 티켓 예매처 공연장 연출가 배우 모두의 고객인 거 같은데요. 그중에 충성도가 가장 높은 대상은 배우 쪽이 아닐까 싶고 가장 낮은 건 티켓 예매처나 공연장일 듯.

CRM issue

'바나나우유'의 고객 DB는 어디에?

'햇반'은 CJ가 만들고, '바나나우유'는 빙그레에서 만든다. 여기까지는 다 아는 사실이다. 그렇다면 다음 질문에 답해보자. 햇반과 바나나우유를 소비하는 고객 정보는 누가 가장 잘 알고 있는가? CJ와 빙그레인가?

'그렇다'고 답할 사람은 많지 않을 것이다. 실제로 이 제품들의 고객 정보는 이마트나 홈플러스 같은 대형 유통회사들의 DB 속에 저장돼 있다. 또한 영화 〈해운대〉의 관람객 정보는 CGV나 롯데씨네마 DB에, 〈난타〉 고객 정보는 티켓링크나 인터파크의 예매 DB 속에 들어 있을 것이다.

바로 이 지점에 기업의 고민이 있다. 1990년대부터 시작된 기업들의 정보화 노력이 결실을 맺어 이제 국내에서도 어느 정도 규모 이상의 기업들은 SAP나 오라클(Oracle)과 같은 기업 통합 정보시스템 인프라를 갖추고 있다. 그런데 정작 자신들의 고객 관련 정보가 없는 것이다. 아무리 뛰어난 정보 인프라가 있어도, 꼭 필요한 정보를 볼 수 없다면 무용지물일 수밖에 없다.

열심히 제품과 서비스를 만들어냈건만, 정작 자신의 제품과 서비스를 구매하는 고객들에 관한 한 기업들은 '까막눈'이다. 이런 기업들은 자사의 핵심고객이 누구인지, 이들 중 누가 곧 이탈할 것인지, 왜 이탈하려고 하는지 도무지 알 수 없다. 또 어쩌다 알게 되더라도 핵심고객의 이탈을 막거나 이탈한 핵심고객을 다시 돌아오게 할 방법이 막막하다.

이러한 답답함에서 벗어나기 위해 최근에는 많은 기업들이 CRM 부서를 만들고, 마일리지와 같은 회원관리 제도를 통해 고객 DB를 구축하고, 콜센터 등 관련 IT 시스템들을 도입하고 있다. 문제는 이렇게 CRM에 투자한 기업들 중 상당수가 아직 투자 대비 효과를 제대로 거두지 못하고 있다는 사실이다.

한 서비스회사의 경우 1,000만 명이 넘는 고객 DB를 조사해 보니 고객들의 주소, 휴대폰 번호와 이메일 주소가 제대로 갱신되지 못해 30% 이상의 정보가 부정확한 것으로 나타났다. 이런 상태에서 고객들에게 매년 수백만 부의 카탈로그와 이메일·문자를 발송하다 보면 추가 매출에 따른 이익보다 비용이 더 커질 수 있다.

또한 1인당 수십만 원씩 보조금을 주어가면서 '경쟁사 고객 빼오기'에 여념이 없는 우리나라 이동통신사들의 경우 고도의 CRM 시스템을 갖추었음에도 불구하고 약정기간만 지나면 대규모의 고객 이탈이 반복되는 '밑 빠진 독에 물 붓기 식' 영업을 지난 10년간 되풀이해왔다.

해외 선진 유통회사의 고객관리 시스템을 도입했던 국내 굴지의 한 백화점 CRM 부서장은 추석을 맞아 대대적인 캠페인을 벌였음에도 매출이 전년 대비 1~2% 남짓 오르는 데 그치자 상사로부터 "차라리 옆 부서처럼 은행잎이나 주워 고객들에게 감사 엽서 보내는 것이 더 낫겠다."란 혹평을 들었다고 한다.

그렇다면 기업 고객을 주로 상대하는 B2B 기업들의 CRM 투자 결과는 어떨까?

B2B 기업들의 경우 CRM 시스템을 영업사원들 대상으로 구축하기 마련인데, 이들 또한 최초의 CRM 구축 시도에서는 대부분 실패를 맛봤다.

왜일까? 고객이나 자사 영업사원의 입장을 전혀 고려하지 않은 채 회사의 내부 목표, 즉 수주 증대, 영업 생산성 향상, 영업 프로세스 개선 등에만 집중해 실효성이라곤 없는 '무늬뿐인 CRM 시스템'을 만들었기 때문이다. CRM 시스템이 영업에 직접적인 도움은 되지 않은 채 통제수단으로만 악용된 것이다. 그러고 나서 영업사원들에게 사용을 강요했으니, 누가 정확한 고객 데이터를 신속하게 입력하겠는가?

이들 기업은 왜 CRM 프로젝트에 실패했는가? 이 의문을 풀기 위해 지난 10년간 나는 KAIST에서 국내 기업들의 CRM 실태를 진단했다. 그 결과를 정리해보면 CRM에 실패한 대부분의 기업들에서 다음과 같은 현상들이 공통적으로 관찰됐음을 알 수 있다.

첫째, CRM을 '기업과 고객 간의 윈윈(win-win) 파트너십 구축과 유지·발전 프로세스'로 정의하지 않고 '타깃 마케팅을 효율적으로 수행하기 위한 시스템 구축 프로세스' 정도로 접근했던 것이다. 즉 '기쁨 주고 사랑 받는' CRM의 기본 원칙을 무시한 채 '사랑만 받으려고 달려가거나' 조금 더 심한 경우는 '기쁨 주는 척하면서 오히려 고객들에게 피해를 끼치는' 행위까지도 서슴없이 추진했던 것이다. 연 7.5% 확정금리 개인연금에 가입한 고객들을 변동금리 상품으로 갈아타게 하기 위해 조직적인 캠페인을 벌였던 국내 보험회사들은 수백억 원대의 CRM 시스템을 가동한다 해도 결코 자사 고객들의 신뢰를 얻지 못할 것이다.

둘째, CRM을 시작한 기업들치고 회사의 미션이나 핵심가치 선언문에 '고객만족, 고객중심, 고객제일' 등 고객 관련 표어가 안 들어간 기업이 없지만, 실천은 달랐다. 실패 기업을 보면 그러한 미션이나 핵심가치가 CEO로부터 말단 사원에 이르기까지 모든 조직 구성원들의 머리와 가슴에 새겨져 매일 매일 수많은 고객 접점에서 구체적인 행동으로 나타나지 못하고 있었다.

셋째, 실패 기업들은 CRM이라는 경기 종목의 속성을 착각했다. CRM이란 기업이 존속하는 한 지속적으로 유지·발전시켜 나가야 하는 인프라로, 육상 종목으로 본다면 마라톤에 가깝다. 그러나 많은 기업들은 6개월마다 성과를 발표하는 6시그마 프로젝트와 같이 100m 달리기 종목으로 착각했다.

CRM의 기본이자 핵심은 단연 '고객'이다. 기업의 단기 성과를 우선시하는 한 올바른 CRM은 구현되기 어렵다. 이런 맥락에서 1장에서는 먼저 '고객이란 누구인가?'를 먼저 생각해보았다. 여러분의 제품과 서비스의 구매에 관여하는 수많은 이해관계자 가운데 과연 누가 고객인가? 이에 대한 고민을 안고, 다음 장에서는 고객 중에서도 기업의 성쇠를 좌우하는 '핵심고객'에 대해 고민해보고자 한다.

(원문 : "최첨단 'CRM 시스템' 갖추고도 기업들 고객관리 실패하는 이유", 조선일보 Weekly Biz, 2010년 1월 15일자.)

Core Customer Creation

핵심고객 창출 :
누가 나의 VIP인가?

 Core Customer Creation

1. Socrates & CRM Q4 : CRM의 금과옥조는 '선택과 ○○.' 그렇다면 최우선적으로 ○○ 해야 할 대상은? 10:50 PM Jun 6th via TwitBird iPhone

약간 대상이 넓은 듯하네요. ^^ RT @buddy_kr 최우선적으로 ○○(집중)해야 하는 대상은 제공하는 서비스나 상품의 value를 사용하고 느끼는 대상 아닐까요? 9:53 AM Jun 7th via TwitBird iPhone

첫 번째 답은 맞히셨고 두 번째는 아직? ^^ RT @jeirhino '선택과 집중'이 답 아닌가요? ^^ 최우선적으로 집중해야 할 대상은… 고객가치 아닌가 싶어요~ 10:00 AM Jun 7th via TwitBird iPhone in reply to jeirhino

네, 맞습니다. 자사에 유형, 무형으로 가장 큰 기여를 하고 있고 또 앞으로도 할 핵심고객들에게 최우선적으로 집중을 해야지요. ^^ 10:50 AM Jun 7th via TwitBird iPhone in reply to Creative_Jin 고객 자산 가치가 가장 높은 고객, 즉 자사에 가장 큰 도움이 되는 고객에게 집중해야 하지 않을까요? ^^

잠재고객 또한 핵심고객을 통해 파악 및 획득할 수 있다면 최선이 겠지요. ^^ 4:46 PM Jun 7th via TwitBird iPhone in reply to ydyoyo 교수님 분류에 따른 핵심고객, 즉 높은 수익공헌+지속적 관계+충성도. 글구 제 개인적 의견은 잠재고객에 대한 발굴과 개발 또한 중요할 듯.

2. Socrates & CRM Q7 : 이동통신 고객 A : 가입기간 5년, 월 사용료 3만 원, 고객 B : 가입 6개월, 월 15만 원 사용 — 고객 A, B 중 핵심고객 후보는? 이유는? 8:41 AM Jun 9th via TwitBird iPhone

RT @seouljin A : 실제 재구매 행동(가입연장)이 일어난 것으로 보아 만족도, 충성도가 형성된 것으로 보임 → 향후 지속가능성 큼. 10:16 AM Jun 9th

RT @guanmingkim 쉽게 B를 고르는 게 에러. ㅠ 10:18 AM Jun 9th

RT @jewelstones 목표가 수익극대화라면 B라고 생각합니다. A고객의 경우에는 5년 동안 지속적으로 이용한 것으로 보아 특별한 불만사항이 없다면 현 상태 그대로 이용할 것이기에 많은 수익을 창출하기 힘들지만, B에게 집중해 지속적으로 관리한다면. 10:20 AM Jun 9th

세종문화회관 김아림 씨께서 정답을 보내주셨군요. ^^ RT **@arim1004** A의 가치 180, B의 가치 90. A가 핵심고객이지만 나이도 중요한 변수 중의 하나인데 앞으로 얼마 동안 이용할지가 중요합니다. 10:24 AM Jun 9th

CRM Q7의 핵심 : 핵심고객 판단 시 과거 데이터뿐 아니라 고객 life time value(미래기여 포함) 관점에서의 접근이 필요! ^^ 10:29 AM Jun 9th via TwitBird iPhone

---

3. Socrates & CRM Q8 : 피자헛에 초등생 두 자녀와 부인과 일주일에 한번 정도 오는 김철수 씨(40세)의 미래 고객가치는? 1:42 PM Jun 9th via TwitBird iPhone

---

RT @lovelybbo 김철수 씨의 직접적인 미래 수익성은 높지 않지만

앞으로 피자를 직접 구매할 수 있는 두 자녀에게 미치는 영향 및 파급성을 고려하면 꽤 높다고 봄. 4:11 PM Jun 9th via TwitBird iPhone in reply to lovelybbo

조금 낮은 것 같은데 다른 분들은? ^^ RT @seouljin 4인 가족 기준 1회 4만 원 & 두 자녀가 경제활동을 할 수 있을 때까지를 10년으로 가정한다면… 약 1,900만 원 정도로 나오네요;; 6:25 PM Jun 9th via TwitBird iPhone in reply to seouljin

고객의 미래가치는 예상 연간기여가치(매출, 이익) × 예상 관계지속기간이 기본이고, 충성도(WOM★, referral)에 따라 가감 가능할 것입니다. ^^ 10:37 PM Jun 9th via TwitBird iPhone in reply to guanmingkim @dominomoi 이건 좀 바보 같은 질문일 수도 있는데 ㅠㅠ 미래가치라고 하는 것은 어떠한 방법으로 측정할 수 있는지요??

★ WOM : Word of Mouth

4. Socrates & CRM Q9 : 일반고객보다 충성고객이 기업의 수익성 향상에 더 큰 기여를 한다는 주장의 근거는? 10:05 AM Jun 10th via TwitBird iPhone

네, 맞습니다. 아주 정확하게 CRM을 차별화해주셨습니다. ^^ 2:16 PM Jun 10th via TwitBird iPhone in reply to sebi0413 CRM이 기존고객 개념과 차별화된 부분은 고객가치를 단기적 개념에서 장기적, 미래지향적으로 확장하며(lifetime 개념), 대상 고객에게 미치는 직접효과뿐 아니라 다른 고객에게 미치는 간접효과(네트워크, 구전효과)까지 고려한다는 점이 아닐까요.

맞습니다. ^^ RT @seouljin 제품에 대한 애착형성과 스스로의 신념을 저버리기 싫어하는 태도(인지부조화)로 구매만족도, 재구매율, 추천의도가 모두 높지 않을까요. 2:24 PM Jun 10th via TwitBird iPhone in reply to seouljin

훌륭합니다. ^^ RT @guanmingkim 1. 교수님께서 말씀하신 '기여도=매출×기간'에서 기간 term이 길고 2. 소위 '입소문'의 근거가 되어 일반고객 추가유치 효과 3. 장기적으로 고객이 팬이 되는 기반을 마련할 수 있겠네요. 7번 문제를 잊으면 안 될 듯! ㅠㅠ 2:30 PM Jun 10th via TwitBird iPhone in reply to guanmingkim

비용절감 중요하지요. ^^ RT @LeapOfChange 비용절감(신규고객 획득비용), 이익증가(WOM) 외에도 기업은 지속적 거래를 유지하는 핵심고객(target)을 더 명확히 하여 경영자원을 정렬하면 효과성도

확보하면서 자원의 낭비를 줄일 수 있지 않을까요? 2:40 PM Jun 10th via TwitBird iPhone in reply to LeapOfChange

---

5. Socrates & CRM Q10 : 충성고객과 장기 유지고객(단골) 간의 관계는? 5:13 PM Jun 10th via TwitBird iPhone

---

그럴 수도 있겠지요. **RT @buddy_kr** 가격민감도에서 차이가 날 것 같습니다. 장기고객(단골) 의 경우 가격변동에 반응할 수 있으나 충성고객의 경우에는 덜 민감하다고 봅니다. 5:45 PM Jun 10th via TwitBird iPhone

정답이십니다, 짝, 짝, 짝! ^^ **RT @seouljin** 장기고객은 '기간'만 중요한, 즉 행동만 있는 고객인 반면, 충성고객은 '구매동기'와 '목적'이 형성된 고객이 아닐까 합니다. 때문에 충성고객이 장기고객일 가능성은 높으나, 장기고객을 충성고객으로 착각해서는 안 된다?!
5:47 PM Jun 10th via TwitBird iPhone in reply to seouljin

충성고객과 장기고객 간의 관계는 해외 마케팅 교수들도 헷갈려하는 이슈인데 조경진 씨 대단하십니다. ^^ 5:50 PM Jun 10th via TwitBird iPhone in reply to seouljin

Chapter 2 Core Customer Creation

6. Socrates & CRM Q11 : 빈폴 티셔츠의 백화점매장 고객, 가두 직영점 고객, 아웃렛 고객 중 가장 brand loyal한 고객은? 이유는? 8:34 AM Jun 11th via TwitBird iPhone

---

과연 백화점 고객이 빈폴의 가장 loyal한 고객일까요? ^^ 12:57 PM Jun 11th via TwitBird iPhone in reply to guanmingkim 백화점 같은데요. 가두 직영점은 거리, 아웃렛은 가격이라는 driving force가 있는데 아무것도 없는 백화점을 찾은 고객이 가장… 당장 저도 아웃렛을 가는데… 경영자 입장이란, 역시 많은 차이가 있는 듯합니다. ㅠㅠ

가두, 정답입니다. ^^ RT @Creative_Jin 직영점 고객입니다. 백화점이나 아웃렛은 다른 상점들과의 상호 집객효과가 있는 곳이지만 직영점은 오직 그 브랜드만을 찾아온 것이고, 고객은 해당 상점에서 제공하는 value를 잘 인식하고 있을 것 같습니다. 1:01 PM Jun 11th via TwitBird iPhone in reply to Creative_Jin

역시 정답이십니다! ^^ RT @seouljin 백화점과 가두매장의 가격이 같은 반면, 가두매장 방문목적이 더 명확('빈폴 옷 구매')하니 가두매장일 거 같아요. 백화점, 아웃렛 방문동기는 '옷 구매'였을 테니. ^^ 1:02 PM Jun 11th via TwitBird iPhone in reply to seouljin

그럴까요? ^^ **RT @LeapOfChange** 아웃렛 고객 아닐까요? 보통 시 외곽에 있는 곳까지 찾아 그 가치를 찾으니까요. 짝퉁 명품이 활개 치는 것도 결국 브랜드에 대한 애착이 아닐까요? 1:03 PM Jun 11th via TwitBird iPhone in reply to LeapOfChange

7. Socrates & CRM Q33 : a) 단골고객은 가격민감도가 대체로 낮은 편이라 수익성에 플러스 b) 단골고객은 할인행사를 자주 이용하고 부가 서비스나 할인요구가 많아 수익성에 마이너스 — 여러분은 어느 쪽 견해에 동의하시나요? Why? 1:09 PM Jul 7th via TwitBird

좋습니다! ^^ **RT @holmesly** a) 단골고객은 그 점포(혹은 상품)에 대해 잘 알고 있고, 로열티가 높아서 할인행사를 하지 않을 때도 오지 않을까요, 그리고 단골을 통해 퍼지는 입소문은 장기적으로 고객의 수도 늘릴 것 같고요! 2:35 PM Jul 7th via TwitBird in reply to e_klim

Agree? **RT @CJDREAM** 일반 소매 유통업은 전자에 가깝고, 그 외 서비스업은 후자에 가깝습니다. 이마트가 싸다고 믿는 소비자들은 이마트를 자주 이용합니다. 이마트 계산대에서 단골 할인요구는 없죠. 회원이 중요한 미용실, 헬스클럽 등은 사정이 다르겠죠. 2:40 PM Jul 7th via TwitBird in reply to CJDREAM

RT @Zzuuuuuuu Q33. a에 동의. 단골고객의 효용이란 단순 비용 효용성이 아닌 WOM, 신규고객 창출, 신제품 모니터링, 위기 시 서포터 등 돈으로 환산할 수 없는 것이기 때문에 단기적 수익성을 포기하고라도 키워야만 합니다. 2:44 PM Jul 7th via TwitBird in reply to Zzuuuuuuu

Excellent! ^^ RT @seouljin a. 고객 로열티가 형성되면 가격민감도는 낮아지는 반면, 재구매와 추천의도는 올라가니까 수익성에 + 라고 봅니다. 다만, 고객만족이나 애착이 형성되지 않은 '무늬만 단골'은 b가 되기도 할 것 같고요. ^^ 4:58 PM Jul 7th via TwitBird in reply to seouljin

Excellent! ^^ RT @korjpnchn_no1 여행상품의 실례로 여행신문이 조사한 설문내용입니다. 같은 상품에 가격이 다를 경우 얼마의 금액차이면 기존에 이용하던 여행사를 바꾸시겠냐는 질문에 40% 이상이 '10만 원이 넘으면'이라고 대답했습니다. 전 A에 한 표! 신뢰에 대한 가치비용 지불! 5:01 PM Jul 7th via TwitBird in reply to korjpnchn_no1

True! ^^ RT @lkwiseok 저희 같은 패션유통의 경우는 B가 더 맞는다고 생각됩니다. 상위고객일수록 할인비중이 높고 요구사항도 많은 경향이 있습니다. 단, 건당 수익률이 낮은 대신 객단가가 높고 구매횟수가 많아 고객별 기간수익성, 유지율에 따른 미래가치는 높습니다. 5:03 PM Jul 7th via TwitBird in reply to lkwiseok

RT @korjpnchn_no1 여행업의 경우 1) 각종 수속과 고객에게 맞는 상품을 추천하는 코디네이터의 영향력 2) 해외여행의 경우 현지에서 발생할 수 있는 위험요소의 해결 등이 브랜드 파워보다 단골을 유치하는 영향력으로 작용하는 것 같습니다. 6:19 PM Jul 7th via TwitBird in reply to korjpnchn_no1

RT @LeapOfChange 당연히 a지만, 가격민감도는 시장이 성숙하고 가격에 대한 판단이 명확한 곳, 가격 외 가치요소가 매력적인 경우로 제한적일 것 같습니다. 후자의 경우도 단위거래당 +가 되는 오퍼를 제공한다면 거래 빈도가 늘어날수록 수익은 더 커지겠죠. 6:21 PM Jul 7th via TwitBird in reply to LeapOfChange

RT @radbaek 단골고객 중에는 두 가지 질문이 공존하고 있습니다. 다만 어느 직종이냐에 따라서 다르겠지요. 의료업의 경우, 단골고객들은 비용을 깎으려는 노력은 덜한 편입니다. 의료서비스를 더 많이 편하게 받으려고는 하지요. 1:41 PM Jul 8th via TwitBird in reply to radbaek

Chapter 2 Core Customer Creation

^^ **RT @psy_steve** 저 같은 인간들만 있다면 B이긴 할 텐데(엄청 빨아먹는 편), 입소문이나 방문횟수를 고려하면 A에 가깝다고 봅니다.

1:43 PM Jul 8th via TwitBird in reply to psy_steve

Excellent! ^^ **RT @Coolluck2U** 단골고객 구별 필요. 1) RFM* 통한 단골고객 : 프로모션 중심 이용으로 수익성 (-), 2) NPS**, W/S*** 높은 단골은 로열티가 높아 가격민감도와 이탈률 낮아 수익성 (+) 1:47 PM Jul 8th via TwitBird in reply to Coolluck2U

★ RFM : Recency(구매 최근성), Frequency(구매빈도), Monetary Value(매출)를 분석해 추출하는 고객분류 기준.

★★ NPS : Net Promote Score, 순추천지수. 추천고객의 비율에서 비추천 고객 비율을 뺀 값.

★★★ W/S : Wallet Share, 동일 제품군에 대한 고객의 전체 구매액 중 특정 회사 제품이나 브랜드가 차지하는 비율.

CRM Q33 정리 : 1 : 충성고객→단골고객 but not every 단골고객→충성고객. 2 : 산업, 고객특성(나이, 성별, 직업, 지역 등), 기업의 CRM 수준/전략에 따라 a or b 유형 단골고객 비중 상이. ^^ 1:58 PM Jul 8th via TwitBird

8. Socrates & CRM Q60 : 영화산업의 핵심고객은 누구일까요? 그냥 8,000원 내고 개봉 중 아무 때나 (또는 나중에 DVD나 VOD로) 영화를 보면 누구나 영화제작사나 극장에 같은 기여를 하는 걸까요? 11:37 AM Aug 6th via web

맞습니다! 이런 관객을 늘릴 방법은? **RT @Creative_Jin** 개봉일을 미리 파악해서 나오자마자 보러 가는 고객 아닐까요? 개봉 2주 내 관객수가 WOM 등에 영향을 줘 전체 흥행을 결정하니까요~^^ 3:22 PM Aug 6th via web

Very good! RT @Coolluck2U 'Q60' 1. 수익공헌 : 자주 보는 사람, 2. 전파/추천 : 영화평 및 viral 확산자, 3. 개봉 초기 관람자 : 오피니언 리더. 단, 영화/감독/장르별 마니아 파악. 동일 편수 관람자라도 핵심고객 차별 필요. 3:38 PM Aug 6th via web

매출 많이 올려준다고 VIP는 아니다

"모든 고객을 왕 대접 하다간 큰일 납니다!"

내 일갈에 좌중이 순간 썰렁해졌다.

1995년, 내가 몸담고 있는 KAIST 경영대학에서 삼성그룹 사장단을 대상으로 정보화 교육을 한 적이 있다. 그때 CRM 수업을 하면서 나는 이런 질문을 던졌다. "여러분 회사의 고객은 누구라고 생각하십니까?"

그랬더니 맨 뒷줄에 앉아 있던 삼성 계열사의 대표이사가 손을 번쩍 들고는 시원시원하게 답변했다. "우리 회사의 고객은 이 지구상에서 저를 제외한 모든 사람들입니다!" 이 스케일 큰 답변에 함께 있던 다른 삼성 CEO들 모두 감동의 박수를 보내는 분위기였다.

그러나 나는 1초의 망설임도 없이 지적했다.

"사장님, 고객이 사장님을 제외한 지구상의 모든 사람이라면 내일부터 고객만족 경영 당장 그만두십시오. 아니면 곧 부도납니다."

그렇지 않은가? 어떻게 한 기업이 지구상의 모든 사람을 '왕'

으로 섬길 수 있단 말인가? 기업 경영 실전에서 입증된 CRM의 금과옥조(金科玉條)는 단연 '선택과 집중'이다. 이는 과거 많은 기업들이 '고객이 왕이다!'라는 슬로건 하에 모든 고객들을 만족시키려 노력했던 방식과 근본적으로 차이가 있다. 모든 이를 공략하겠다는 전략은, 적어도 CRM에서는 '허황된 꿈'에 지나지 않는다.

그렇다면 문제는 이것이다. 누구를 선택해 어떻게 집중할 것인가?

전체 고객이 아닌 특정 그룹의 고객을 선택하기 위해서는 먼저 자사의 고객들을 몇 가지 기준으로 분류할 수 있어야 한다. CRM을 시행하는 기업들이 흔히 사용하는 RFM 고객분류 기준은 구매최근성(recency), 구매빈도(frequency), 매출(monetary value)을 기반으로 고객을 세분화한다. 이러한 분류방식은 거래 데이터만 잘 구비되어 있으면 비교적 손쉽게 타깃 마케팅을 수행할 수 있다는 장점이 있다. 반면 고객에 대한 심층분석이나 이해가 결여되어 있으므로 이 방식만으로 자사의 진정한 핵심고객을 파악하는 데는 한계가 있다.

예를 들어 이런 고객이 있다고 하자. 그는 홈쇼핑 채널을 통해 연간 2,000만~3,000만 원의 구매를 하지만, 자신이 산 물건들의 50% 이상을 습관적으로 반품한다(홈쇼핑사의 보석이나 의류

코너에는 이러한 고객들이 꽤 있다). 이런 고객은 배달과 반품 회수에 들어가는 비용은 물론, '주문처리-반품처리-재고처리-환불'로 이어지는 과정에서 보이지 않는 비용을 발생시킨다. 결국 회사 수익을 갉아먹는 셈인데, RFM 분류기준으로는 버젓이 VIP 등급으로 분류되어 각종 혜택을 누리게 된다.

이렇게 명백한 문제가 있음에도 불구하고 왜 여전히 많은 기업들이 RFM 방식을 고수하고 있을까? 이유는 단순하다. 수익성을 기준으로 분류하는 것보다 매출을 기준으로 분류하는 방식이 훨씬 쉽기 때문이다. 수익성이 더 중요한 지표라는 것을 모르지 않을 텐데, 그저 간편하다는 이유만으로 매출을 측정 잣대로 사용한다니 안타까운 일이다.

실제로 CRM 선진기업들은 매출보다는 수익성 중심으로 고객을 관리한다. 관련된 사례를 살펴보자. 미국 메릴린치 사는 1990년대 중반 '슈퍼노바(Super Nova)'라는 새로운 고객관리 방식을 도입했다. 슈퍼노바는 매출보다는 수익성 위주로, 아울러 거래빈도, 최근 구매일, 거래기간과 같은 정량적 데이터뿐 아니라 기업과의 친밀도, 충성도와 같은 정성적 기준까지 활용해 핵심고객을 파악 및 관리하는 방식이다. 메릴린치의 재무상담사들은 평균 550명의 고객들을 관리하는데, 우선 이들 고객을 슈퍼노바 방식에 따라 자산규모, 거래수익 등 11가지 기준으로 분류한다(이 중에는 '이 고객은 나나 우리 회사 직원들이 상대하기에 기분 좋은 사람인가?'와 같은 기준도 포함돼 있다). 그런 다음 대부분의 기준에서 상위 랭킹에 오른 200여 명의 고객들에게만 모든 서비스를 집중하는 것이다. 결과는 어떠했을까? 시가총액이 비슷한 찰스슈왑보다 고객자산(customer assets) 면에서 2배 높은 성과(1조 달러)를 달성하기에 이르렀다. 대부분 기업의 경우 이런 핵심고객의 비율이 전체 관리대상 고객 중 많아야 10~20%를 넘지 않음에도 자사 수익의 60~80%를 기여하고 있다(은행이나 증권사 같은 금융기관의 경우는 이 비율이 10대 90까지 벌어지기도 한다).

요컨대 매출을 많이 올려준다고 VIP 대접하는 건 하수(下手)다. 회사 수익에 직접 도움을 주는 핵심고객을 가려내서, 이들에게 서비스를 집중해야 진정한 CRM 고수라 할 것이다. 핵심고객을 찾기 위해서는 표면적인 자료에만 기대어서는 안 된다. 고객 데이터 이면에 있는 '맥락'을 읽는 노력을 게을리하지 않을 때, CRM 자원을 보다 효율적으로 활용할 수 있다.

300만 명이 넘는 고객 DB를 운영해온 국내의 한 유가공업체 CEO는 몇 년 전 자사의 CRM 진단을 마친 뒤 "융단폭격하듯 매년 수백만 개의 사은품을 뿌리는 대신, 우리 회사와 라이프타임 파트너가 될 수 있는 핵심고객 1만 명만 확보해보라."는 지시를 CRM 부서에 내렸다. 이에 따라 이 회사 CRM 부서는 온라인 회원 고객, 오프라인 어머니교실 참가 고객, 구매 고객, 불만제기 고객, 아이디어 제안 고객, 공장견학 고객, 자사 주최 문화행사 참여 고객, 프로모션 참여 고객 등 다양한 고객군들에 대해 실험을 통해 핵심고객화 가능성을 분석해보았다. 여러분은 이들 중 누가 핵심고객이 되리라 생각하는가? 참고로 이 회사 영업부서 베테랑들은 구매 고객과 프로모션 참여 고객을 점찍었다. 하지만 뚜껑을 열어보니 불만제기 고객, 공장견학 고객, 문화행사 참여 고객들이 핵심고객이 될 가능성이 가장 높은 것으로 나타났다. 분석하기 전에는 전혀 예상치 못했던 결과였다.

정리해보자. 모든 고객은 왕인가? 정답은 "아마도 아니다!"일 것이다. 그렇다면 어떤 고객들을 선택해 한정된 CRM 자원을 보다 효과적으로 집중할 것인가? 정답은 자사의 수익성에 기여할 뿐 아니라 자사의 제품이나 서비스 개선에 필수적인 지식과 정보를 회사와 공유하려 하고, 기회가 있을 때마다 신규고객을 추천해주며, 회사가 어려울 때는 기꺼이 구원투수가 되어줄 용의가 있는 고객이다. 업종을 불문하고 모든 기업들은 이러한 자사의 핵심고객들을 파악하고 이들에 집중하는 것을 CRM의 최우선 과제로 삼아야 할 것이다.

(원문 : "모든 고객을 왕 대접 하다간 큰일 납니다", 조선일보 Weekly Biz, 2010년 3월 13일자.)

Strategic Use of Customer Information

고객정보의 전략적 활용 :
고객과 공정하게 만족을 주고받아라

Strategic Use of Customer Information

1. Socrates & CRM Q15 : 우리 공연장의 티켓 판매 대행회사가 자체 공연장을 짓는다면 우리의 대응전략은? 12:05 PM Jun 16th via TwitBird iPhone

그러니 고민 안 할 수가 없겠지요? ^^ **RT @yjchung68** 애플이 갑자기 핸드폰 만드는 것과 유사한데… 3:57 PM Jun 16th via TwitBird iPhone in reply to yjchung68

맞습니다. 그런데 돈이 넉넉하지 않다면 방법은? **RT @jeffryu** #15 우리도 티켓 판매업에 진출한다. 단순한 논리겠지만 '공연 – 티켓'이라는 연결사업적 특성으로 본다면 시장 내 헤게모니 장악을 위해서라도 충분한 검토대상이 아닐까 싶습니다. 4:05 PM Jun 16th via

TwitBird iPhone in reply to jeffryu

상당히 전략적인 답을 주시긴 했는데 CRM 관점의 해법도 한번 생각해보시지요? ^^ 7:17 PM Jun 16th via TwitBird iPhone in reply to telesjx 1) 우리 공연장의 티켓파워를 이용해 판매 자회사를 설립해서 그쪽 공연표까지 판다. 2) 공연장을 그쪽으로 판매하여 키운 뒤에 인수한다.

맞습니다. ^^ RT **@bright_cho** 우선 기존에 확보했던 공연사와의 관계를 돈독히 하고, 두 번째로는 우리 공연장을 좋아하는 고객들을 유지하기 위한 노력을 해야겠죠. 고객은 buyer와 business partner가 모두 해당되는 말이니까요. ^^ 7:19 PM Jun 16th via TwitBird iPhone in reply to bright_cho

참신한 아이디어십니다! ^^ 7:38 PM Jun 16th via TwitBird iPhone in reply to psy_steve #15 극단들의 공연장 배정을 도와주는 서비스 업체를 설립하고 티켓 판매를 병행, 티켓 판매를 맡기는 고객 공연장들에게 우선 극단을 배정함으로써 시장 확보. 목 조르기 전략. 힘 없어진 경쟁사 M&A. 후루룩 짭짭.

관객 DB 구축을 위해 가장 시급한 일은? RT **@parkdove** CRM 15.

향후 이탈될 관객들을 위해 우리 공연장을 찾는 관객 DB 및 관리 시스템을 신속히 구축한다. 7:49 PM Jun 16th via TwitBird iPhone in reply to parkdove

CEM* 관점 좋습니다. ^^ RT @smilegiver7 공연 사업의 핵심 요소는 공연 그 자체보다는 '공연을 보는 관객의 경험'입니다. 따라서 이를 극대화시키기 위해 필요한 공연 외의 것들 또한 역량 강화를 실행합니다. (직원들의 서비스 역량 강화, 쾌적한 공연환경 조성) 7:58 PM Jun 16th via TwitBird iPhone in reply to smilegiver7

★ CEM ： Customer Experience Management, 고객경험관리.

무엇보다도 최우선적으로 자체 인터넷예약 및 티켓 발매 기능을 갖추어야 할 것 같지요? ^^ 10:37 PM Jun 16th via TwitBird iPhone in reply to smilegiver7

CRM Q15의 핵심 포인트 ： 미래 경쟁자에게 우리 고객 데이터(프로필, 예약, 구매기록 등)를 몽땅 맡기고 있으니 고양이에게 생선을 맡긴 꼴이지요. ^^ 10:56 PM Jun 16th via TwitBird iPhone

인터파크가 공연장 짓는 것이 문제가 있다는 것은 아닙니다. 다만, 공연장들도 바뀐 환경에서 자기 고객관리에 좀 더 신경 써야 한다는 취지의 문제였습니다. ^^ 9:52 AM Jun 17th via TwitBird iPhone in reply to raychae1 인터파크에서 한남동 공연장을 짓고 있는 걸 말씀하시는 건가요? ㅋㅋ 요즘 CRM, CEM을 적용할 수 있는 공간 아이디어 구상 중인데요…

^^ RT @yjchung68 반성합니다… 에고, 어떡하나. 오늘도 생선을 막 주고 있으니. ㅠㅠ RT @dominomoi : CRM Q15의 핵심 포인트 : 미래 경쟁자에게 우리 고객 데이터(프로필, 예약, 구매기록 등)를 몽땅 맡기고 있으니 고양이에게 생선을 맡긴 꼴이지요. ^^ 3:27 PM Jun 17th via TwitBird in reply to yjchung68

---

2. Socrates & CRM Q18 : 분유회사 고객정보의 활용에 관심이 있을 만한 회사들은? 합법적인 공유방식은? 9:08 AM Jun 22nd via TwitBird iPhone

---

Great answer! ^^ **RT @mystarsun** 기저귀회사, 육아교육회사, 보험회사, 돌 관련업종, 생수회사, 베이비 돌보는 회사, 은행 등… 합법적 공유는 고객 니즈에 합당한 서비스와 혜택을 모은 HUB를 통해 웹, 전화, 서면으로 공동사용 동의 획득. ^^ 10:34 AM Jun 22nd via TwitBird iPhone in reply to mystarsun

코마케팅(Co-marketing) good! ^^ RT @joonthegood 1~2세 나이의 부모를 핵심고객으로 하는 기저귀, 완구, 유아의류, 학원, 잡지사 등의 회사가 아닐까요? 분유통을 통해 코마케팅을 하면 어떨까요… 10:36 AM Jun 22nd via TwitBird iPhone in reply to joonthegood

좋은 아이디어입니다! ^^ RT @seouljin 학습개발, 기저귀 및 용품, 영유아복 등 / 분유 구매 시 적립카드 발급→포인트 적립 시 자사 제품 구매할 수 있도록 분유회사와 계약 / 다양한 육아정보 습득에 대한 부모 욕구→분유 소비자 대상 영유아 육아교실 개최→자사 정보 제공. 1:19 PM Jun 22nd via TwitBird iPhone in reply to seouljin

2차 분석 훌륭합니다! ^^ RT @CJDREAM 2차적으로 금융권은 주택수요 따른 대출관련 업체가 되겠죠. 구입분유에 따른 성향, 소득, 소비패턴 파악도 됩니다(유기농, 고가, 저가, 구입장소). 1:25 PM Jun 22nd via TwitBird iPhone in reply to CJDREAM

맞습니다. ^^ RT @CJDREAM 최근에 매일유업의 유아화장품 시장진입이나 유한킴벌리의 유아화장품 진입은 그동안 가지고 있던 DB를 바탕을 이루어졌을 것으로 생각됩니다. 1:26 PM Jun 22nd via TwitBird iPhone in reply to CJDREAM

3. Socrates & CRM Q25 : 많은 식당들이 계산대에서 시식권 추첨 – 배포를 걸고 명함을 수집한다. 동일 예산 하에 보다 많은 고객들의 참여를 유도할 수 있는 방법은? 8:58 AM Jun 27th via TwitBird

네임카드, 즉석발표 good! 당일 식사비 할인은 not good! ^^ **RT @psy_steve** 명함 안 가져온 사람들을 위해 기입 가능한 네임카드 비치. 추첨 결과를 기다릴 필요 없이 즉석에서 발표→당일 먹은 식사에서 제해줌. 11:12 AM Jun 27th via TwitBird in reply to psy_steve

그럴 것 같은데요. ^^ **RT @96chany** 명함을 모아두는 상자를 날마다 비워주어(다른 곳에 보관) 경쟁자가 많이 없는 것처럼 하여 당첨될 수 있는 기대 심리를 높이는 것도 참여를 유도하는 방법일 것 같습니다. 12:10 PM Jun 27th via TwitBird in reply to 96chany

그럼 명함은? ^^ **RT @arim1004** 여의도 어느 식당에서 하고 있던데, 나가면서 요구르트를 주고 그 바닥에 당첨과 꽝을 써놓고 그 자리에서 바로 주더라고요. 아주 좋은 아이디어인 듯해요. 12:22 PM Jun 27th via TwitBird in reply to arim1004

^^ **RT @arim1004** 엄 그러니까 명함을 주는 사람한테만 요구르트를 주는 거죠. ㅎㅎ 2:08 PM Jun 27th via TwitBird in reply to arim1004

4. Socrates & CRM Q30 : 인터파크, 티켓링크 등 공연예매 사이트들의 고객정보 활용에 관심이 있을 것 같은 업종들은? 이 업종들의 집중 관심 대상 고객군은? 2:32 PM Jul 2nd via web

Very good! ^^ RT @CJDREAM 카드업체 – 제휴할인카드, 서적 · 음반 · 여행업체 – 관련제품 판매, 웨딩업체 – 결혼적령기 2인 예매 데이터, 심야업체 – 심야영화 관람이 많은 계층 확인, 특정계층 마케팅업체 – 비싼 공연 좌석구입을 한다면 수입차 등 고급소비층 파악. 2:25 PM Jul 6th via web

Good! ^^ RT @Ca93111 보통 가족 연인 친구 이렇게 둘 이상 가니까, 음식 외식 관련 업종이 관심 있지 않을까, 카드업종 그리고 젊은 층이 높아서 보험 업종도 관심 많을 듯. 2:26 PM Jul 6th via web

Good! ^^ RT @CJDREAM 자동차업체가 데이터를 활용한다면 클래식공연 자주 가는 층에게는 렉서스를, 록공연 자주 가는 층은 SUV, 스포츠카 등. 음악의 성향과 좌석의 선택, 예매시간 등을 통해서 많은 정보수집. 예매 일찍 하는 층, 즉흥적인 패턴 등 성격구분도 됨. 2:28 PM Jul 6th via web

Good! ^^ RT @Zzuuuuuuu 1) 공연 기획사 등 공연 주최자. 2)

공연장(예술의 전당 혹은 LG아트센터 같은) 관심 있는 고객은 공연 헤비 유저(=단골 고객들) 〉〉 1) 수익성 높은 공연 기획 위함. 2) 수익성 높은 부가시설 혹은 활동 개발 위함. 2:29 PM Jul 6th via web

맞습니다. ^^ RT @MiniJuliet CRM Q30 : 여가생활을 할 정도의 경제력과 시간적 여유가 있는 사람들이 대상 고객군이 되기 때문에 유사한 여가활동 관련 사업으로 여행사, 항공사, 뭐 이런 데가 관심이 있지 않을까요? ^^ 2:32 PM Jul 6th via web

---

5. Socrates & CRM Q31 : 공연제작사나 기획사 또는 은행, 증권, 보험사 등 금융기관들이 VIP고객 정보 공유를 위해 공연예매 사이트들에 제공할 수 있는 인센티브는? 1:59 PM Jul 5th via web

---

좋습니다! ^^! RT @LeapOfChange 제휴카드, 이벤트 등을 통해 할인/무이자 할부/좌석 업그레이드/소식지 구독혜택… offer보다는 재미나게 이벤트를 설계하는 게 더 중요할 것 같은데요. 6:29 PM Jul 6th via TwitBird in reply to LeapOfChange

좋습니다만 좀 더 창의적인 아이디어는? ^^ RT @Creative_Jin 가장 많이 하는 것은 티켓 할인에 필요한 자금 지원인 것 같고요. 또,

해당 예매 사이트에 좋은 자리를 배정해주는 것이 있는 것 같습니다. 6:32 PM Jul 6th via TwitBird in reply to Creative_Jin

6. Socrates & CRM Q32 : 파리바게뜨, 던킨도넛 등이 공동운영 중인 Happy Point 카드는 카드 발급 시 고객정보를 수집하지 않는다. 단, 고객들은 적립포인트 사용 전 인터넷 회원등록을 해야 한다. Is this good or bad? Why? 2:36 PM Jul 6th via web

Good! ^^ RT @ProducerWon 좋다고 생각합니다! 하나씩 발급 받을 때보다 고객의 편의를 생각하여 사용하기 용이하게 만들어주었으며, 현장에서 발급할 때보다 인터넷에 접속하여 작성할 경우 성의 있는 답을 기대할 수 있습니다. 6:35 PM Jul 6th via TwitBird in reply to ProducerWon

Excellent! ^^ RT @Zzuuuuuuu Good, 발급 전 고객정보 수집 시 1)시간 소요 2)정보수집에 대한 거부감 때문에 가입률 저하 가능. 포인트 사용 시 고객 스스로 개인정보를 입력하게 함으로써 거부감 감소 + 충성고객 가능성 상승. 6:39 PM Jul 6th via TwitBird in reply to Zzuuuuuuu

장점〉단점? Why? ^^ **RT @bongsuri** 해피포인트 카드 발급을 쉽게 유도하는 장점은 있는데, 인터넷 사용이 어려운 고객층(e.g. 노년층)에 대해서는 결국 정보를 얻게 되지 못하는 단점은 있는 듯합니다. 6:41 PM Jul 6th via TwitBird in reply to bongsuri

Excellent! ^^ **RT @lovelybbo** 지난번의 'rule of two'와 같은 맥락 아닐까요? 인터넷 가입은 2차 구매와 같이 단골고객이 될 여지가 좀 더 높을 것 같고, 회사는 보다 엄선된 고객정보를 축적할 수 있고 일회성 고객으로 인한 낭비를 방지함. 6:42 PM Jul 6th via TwitBird in reply to lovelybbo

고객과 회사 양쪽 모두입니다. ^^ **RT @coreabhe** 좋고 나쁨이 누구의 입장에선가요? 6:46 PM Jul 6th via TwitBird in reply to coreabhe

네, 맞습니다! ^^ **RT @ahyoung3** 교수님 칼럼에서 봤던 '모든 고객을 왕으로 관리하면 회사 망한다'는 개념과 동일하게 봐서 good! 일회성 단순발급자까지 모두 관리하는 것보다 인터넷 접속이라는 '간단한' 장애물로 재방문 의지를 필터링해서 걸러내는 것이 효율적. 10:47 PM Jul 6th via TwitBird in reply to ahyoung3

7. Socrates & CRM Q38 : 삼성전자 LG전자 CRM 파트의 고민은 구매 후 고객등록하지 않다가 AS 필요시에만 연락하는 고객들이 많아서 항상 Reactive(땜빵 ^^) CRM을 하게 된다는 점이다. Proactive CRM을 펼칠 수 있는 방안은? 9:59 AM Jul 14th via TwitBird

좋은 아이디어이십니다. ^^ 동시에 기존의 제품박스 내 등록카드와 홈페이지 등록안내를 넘어 구매고객의 등록시점, 장소, 등록주체에 대해서도 새롭게 생각해보시지요. ^^ 2:57 PM Jul 14th via TwitBird in reply to gyjseo 구매 후 일정기간 이내 고객등록 시 구매제품과 관련된 혜택을 주는 건 어떨까요? 카메라 – 가방, 세탁기 – 세탁바구니, 전화기 – 케이스 등. 약간의 아이디어만 보태면 비용효과적인 고객획득 프로그램이 될 수 있을 것 같습니다!

Very Good! ^^ RT @Coolluck2U 전자제품은 구매주기가 길어 다음 구매 때까지 관계유지 비용이 크므로 교차판매(cross-selling)와 추천(referral)에 초점. 구매 즉시 고객등록 위해 니즈를 충족시킬 정보제공, 타제품 할인쿠폰, 추천 후 구매 시 할인/기타 혜택 제공 등 관계형성 노력 필요. 2:58 PM Jul 14th via TwitBird in reply to Coolluck2U

물론입니다. ^^ RT @GeorgeShin 제가 LG전자에 있는데 사실 그게 고민입니다. 여러 답변 좀 공유해주세요. ㅠㅠ 2:58 PM Jul 14th via

TwitBird in reply to GeorgeShin

Good! ^^ RT @gyjseo 판매시점에 전화수취에 대한 동의를 받고 고객이 원하는 시간에 전화를 해서 등록대행, 사은품 발송. 신용카드 간편신청 프로세스에서 아이디어를 얻었습니다. 법적 이슈만 없다면 양질의 고객 DB 획득이 가능하지 않을까요? 10:02 PM Jul 14th via TwitBird in reply to gyjseo

---

8. Socrates & CRM Q71 : 서울 근교 퍼블릭 골프장 L사장은 요즘 날로 내방객이 줄어 고민이다. 도착순 부킹을 예약제로 바꾸어야 할지 주중/주말 가격차별화를 시간대 별로 더 세분화해야 할지 결정하기 전에 분석해야 할 고객정보는? 9:23 PM Aug 17th via TwitBird

---

Good! ^^ RT @heechulpark 매출기여도가 높은 고객이 기존, 신규인가? 자영업자, 샐러리맨인가? 기존/자영업자가 많으면 주중할인 강화, 신규/샐러리맨이 많으면 주말조조할인 강화. 예약제보다 무료쿠폰 10장 번들로 팔아 구매고객 우선순위 제공. 5:59 AM Aug 18th via TwitBird

Yes! ^^ RT @Remnant_Thesha 단골고객들이 얼마나 가격 차이에 대해 민감한지와 고객의 성향(시간적 여유나 그 골프장을 선택해 이용하는 이유) 분석이 선행되어야 할 것 같습니다. 6:00 AM Aug 18th via TwitBird

CRM issue

'퍼주기 CRM', '퍼먹기 CRM' 모두 No!

　기업혁신 분야의 석학인 하버드 대학교의 클레이튼 크리스텐슨(Clayton Christensen) 교수는 비즈니스 모델의 4가지 요소 중 첫째로 '고객가치 제안'을 꼽는다. 즉 '어떤 고객을 대상으로, 그 고객이 필요로 하는 어떤 가치를 창출할 수 있는가'가 모든 비즈니스 모델의 출발점이라는 것이다.

　이 말에 이의를 다는 사람은 없을 것이다. 하지만 CRM을 제대로 하기 위해서는 '고객을 위한 가치'만 잘 알아서는 곤란하다. 동시에 '그 고객이 우리 기업에는 어떤 가치를, 얼마나 기여하고 있는가' 또한 잘 파악해야 한다. 전자를 고객가치, 후자를 고객자산가치라고 구분하기로 하자.

　고객가치란 무엇인가? 다양한 의견이 나오겠지만 '고객들이 제품, 서비스, 브랜드 이미지 등을 통해 특정 기업으로부터 느끼는 가치의 총합'으로 정의할 수 있다. 그렇다면 고객자산가치란? '고객들이 제품구매와 기업에 도움이 되는 활동 및 신규고객 창출 등을 통해 특정 기업에 기여하는 가치의 총합'으로 정의할 수 있겠다. 앞서 CRM의 기본 원칙을 '기쁨 주고 사랑 받는' 것이라 한 내용을 기억하는가? 이 원칙에 충실한 최상의 CRM 활동을 펼치려면 고객가치와 고객자산가치를 깊이 이해하고 개선하기 위해 끊임없이 노력해야 할 것이다. 아울러 혹시라도 두 가치 간에 불균형 상태가 발생하면 신속히 해결할 수 있는 의지와 능력을 전사적으로 갖추어야 한다.

백문이 불여일견, 이 두 가치를 종합적으로 파악할 수 있는 개념도를 보자(그래프 참조). 수직축은 고객가치의 수준을, 수평축은 고객자산가치의 수준을 나타낸다. 만일 여러분 회사의 고객들이 개념도의 중앙을 가로지르는 '공정가치선'상 또는 그 주변에 위치하고 있다면, 여러분 회사는 고객들과 공정하게 가치를 주고받고 있다고 볼 수 있다.

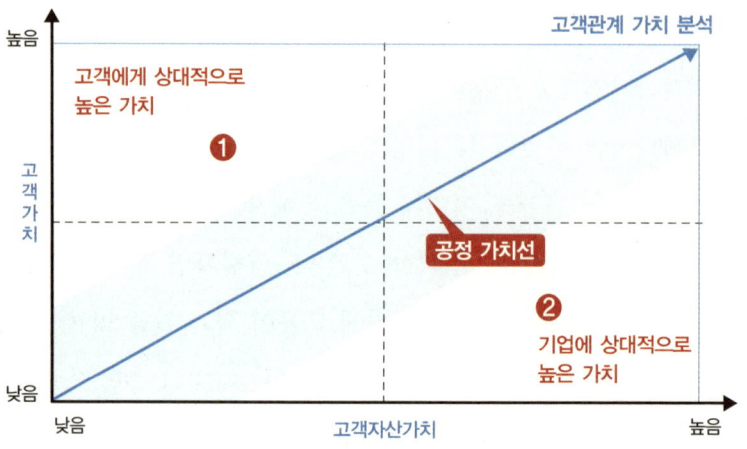

그러나 여러분 회사의 고객들이 ❶이나 ❷영역에 위치하고 있다면? 여러분의 회사는 '퍼주기 CRM(over-CRM)' 또는 '퍼먹기 CRM(under-CRM)'을 하고 있을 가능성이 높다(물론 이런 분석조차 하지 않아 자사 고객들이 어디에 위치하는지 까막눈인 기업들보다는 그래도 여러분의 기업이 한발 앞서 있기는 하다). 자, 그렇다면 과연 어떻게 이 문제를 해결할 것인가?

'퍼주기 CRM'을 하고 있다면 두 가지 선택지가 있다. 고객에 대한 투자를 줄이거나, 아니면 고객의 자산가치를 늘리거나. 정답은 당연히 후자다. 전자를 선택할 경우 많은 기존고객들이 실망해서 떠날지도 모른다. 신용카드사들이 여러 가지 혜택을 앞세워 각종 카드를 판매한 뒤 실적이 악화되면 슬그머니, 그리고 고객들이 잘 모르게 혜택을 축소하는 경우가 많은데, 이는 전자를 선택한 것이다. 반면 이동통신사들이 10대 학생들을 대상으로 2만~2만 5,000원짜리 월정액 서비스를 판매한 뒤 문자 메시지나 벨소리 또는 기타 유료 정보 서비스를 통해 추가매출을 유도하는 것은 후자를 선택한 경우다.

'퍼먹기 CRM'의 해법은 비교적 명확하다. 고객자산가치를 스스로 낮출 기업은 없을 테니, 선택은 당연히 고객에게 추가 혜택을 제공함으로써 고객가치를 올리는 쪽이 될 것이다. 이번에도 이동통신사를 예로 들어보자. 이 기업의 핵심고객이 50대 임원이라고 가정해보자. 이들은 매달 수십만 원의 통신료를 내면서도 10대들처럼 영화관이나 레스토랑 할인을 받지도 않고, 고객서비스 센터를 이용하지도 않는다. 통신사에 비용은 유발하지 않으면서 자산가치 측면에서는 매우 큰 기여를 하고 있는 셈이다. 이 경우 공항 라운지 무료 이용이나 골프장 예약 대행 서비스 등 이들에게 유용한 혜택을 제공함으로써 고객과의 관계를 강화할 수 있겠다.

이처럼 해법 자체는 복잡하지 않다. 고객에 대한 투자를 줄이지 않은 채 고객가치와 고객자산가치 중 상대적으로 낮은 부분을 끌어올리면 된다. 문제는 오히려 실행이다. 실제 고객관리 현장에서는 이런 해결책이 의외로 쉽게 적용되지 않고 있다. 내 이론에 공감했던 국내 유명 백화점의 CRM 담당 실무자는 방치되고 있던 핵심고객들에게 추가혜택을 제공해 관계를 강화하자고 회사에 제안했다. 그러자 직속 상사가 "아니, 왜 잘 자고 있는 사자의 코털을 뽑으려고 해?"라고 질책했다고 한다.

여러분이라면 이 같은 상황에서 그 상사에게 어떻게 답변하겠는가? "아, 예. 제가 생각이 좀 짧았습니다."라고 답변한다면 그 회사는 CRM 팀을 타깃 마케팅(또는 DB 마케팅) 팀으로 바꾸는 것이 현명할 것이다. 나는 적어도 내게 교육받은 제자라면 "이사님, 코털을 뽑는 것이 옳다면 지금이라도 뽑아야지, 아니면 잠자던 사자가 벌떡 일어나 경쟁 동물원으로 달려가버릴 겁니다."라고 대답해주기를 기대한다. 국내외 초일류 유통기업들의 CRM 사례들을 근거로 제시하면서 말이다.

정리해보자. 성공적인 비즈니스 모델의 '필요조건'은 고객들이 절실히 필요로 하는 가치를 창출하는 것이다. 하지만 그 모델이 성공하기 위한 '필요충분조건'은 그러한 가치를 받은 고객들이 여러분의 회사를 위해 '기쁨 받은 만큼, 또는 그 이상의 사랑'을 돌려주고 있는가에 달려 있다. 만약 그렇지 못하다면 여러분의 회사는 개념도의 ❶영역에 위치한 고객들을 오른쪽으로 이동시키는 방법을 고민해야 한다.

반대로 핵심고객들로부터 '넘치는 사랑'을 받아왔는데도 상응한 보답을 하지 못하고 있다면 여러분의 회사는 고객들을 ❷영역에서 좀 더 위쪽으로 이동시킬 수 있도록 노력해야 한다. 그 과정에서 때로는 답답한 상관들도 설득해야 한다.

기억하자. 고객가치의 바람직한 이동 방향은 항상 북동쪽이다. 먼저 고객가치를 향상시키고(북쪽), 다음으로 고객자산가치를 올리기(동쪽) 위해 노력하자.

(원문 : "고객들과 공정하게 만족을 주고받아라", 조선일보 Weekly Biz, 2010년 4월 30일자.)

Customer Acquisition

고객획득 :
어떤 고객을, 어떻게 확보할 것인가?

 Customer Acquisition

1. Socrates & CRM Q16 : 분유회사의 잠재고객인 전국의 임신부들을 분유회사가 파악할 수 있는 방법은? 5:22 PM Jun 18th via TwitBird iPhone

이미 아기가 태어났으면 임신부가 아닐 것 같은데요? ^^ 6:32 PM Jun 18th via TwitBird iPhone in reply to shdoh 1. 2010년 주민번호를 가진 아동의 부모를 추적 2. 분유 제공 설문지 작성 요청.

딩동댕입니다. ^^ RT @GeorgeShin 산부인과요. 실제로 많은 분유회사들이 산부인과나 산후조리원에 분유를 투자 차원에서 무료로 제공하고 있잖아요.

훌륭합니다. ^^ RT @koansu 유아용품 매장, 산후조리원, 산부인과(조산원), 보건복지부(병원) 예방접종 현황, 임신복 매장. 6:59 PM Jun 18th via TwitBird iPhone in reply to koansu

온라인 임신부 커뮤니티 좋은 데이터 source입니다. ^^ 7:01 PM Jun 18th via TwitBird iPhone in reply to Parksungui 산부인과 네트워크를 이용하는 거죠… 온라인 임신부 모임에 가입해도 괜찮을 듯…

RT @jejuwater 보건소에서 철분제, 초음파 등의 쿠폰을 받아간 사람들을 조사합니다. 7:07 PM Jun 18th via TwitBird iPhone in reply to jejuwater

맞습니다. 그런데 산부인과나 보건소에서 진료환자 정보를 외부에 제공하지 않을 것 같은데 어떻게 해야 할까요? ^^ 7:31 PM Jun 18th via TwitBird iPhone in reply to seouljin 산부인과 진료기록이 가장 기본적일 것 같고요, 분유도 가격편차가 큰 품목이니 출산용품 전문점(수입/국산)을 통해서 세분화를 해볼 수 있을 듯해요. 임신·육아관련 서적 구매자도 데이터로 쓰일 수 있을 것 같고요 :)

Good! ^^ RT @endofcap 산부인과와 연계. 부부가 함께하는 산모교육 주최. 홈페이지를 통한 출산과 육아정보 제공 등의 방법이 있을 것 같습니다. 10:26 PM Jun 18th via TwitBird iPhone in reply to endofcap

한국도 똑같답니다! ^^ RT @DaddySkywalker 캐나다 맥길대학 박사과정 이경영입니다. 이곳 캐나다에선 출산병동의 동의 받은 영업(가입) 사원 아줌마들이 산모에게 선물 주고 대가로 연락처를 받아갔던 적이 있습니다. 8:20 AM Jun 19th via TwitBird iPhone in reply to DaddySkywalker

그 또한 좋은 방법입니다. ^^ RT @DaddySkywalker 그리고 또 하나 생각하자면… 한국에 워킹맘 온라인 커뮤니티를 스폰하는 방법이 있겠네요. 워킹맘들이 아무래도 전업주부님들보다 분유를 소비할 가능성이 더 클 것 같으니까요. 8:21 AM Jun 19th via TwitBird iPhone in reply to DaddySkywalker

---

2. Socrates & CRM Q17 : 자동차회사가 신차를 구매하고자 하는 잠재고객을 파악할 수 있는 방법은 무엇일까요? 5:39 PM Jun 21st via TwitBird iPhone

---

한 번에 한 유형별 잠재고객에 대해서만 생각해보시지요. ^^ 8:45 PM Jun 21st via TwitBird iPhone in reply to CJDREAM 교체수요를 파악해야 할지, 차가 없던 사람이 구입할 차를 찾는 건지, 20대 후반의 직장인이 생애 첫 차를 생각하는 건지. 1년 내에 구입할지 6개월 이내인지

어려워요. 각 데이터는 소팅이 가능한데.

물론입니다. ^^ RT @10billion 중고차 매매딜러에게 시세를 물어보는 분들과, 중고차 매매사이트에서 매도방법이나 가액을 물어보거나 매도호가 제시하는 분들을 우선 파악하는 것도 방법일 수가 있나요? 8:46 PM Jun 21st via TwitBird iPhone in reply to 10billion

정비소는 그럴듯한데 후자는 어찌 파악할지요? ^^ RT @arim1004 자동차 정비소에서 AS를 자주 받는 사람이나, 저희 집처럼 ^^ 아기들이 하나둘 생겨나는 집이요. 8:48 PM Jun 21st via TwitBird iPhone in reply to arim1004

좋습니다. 그런데 문제가 되고 있는 차량의 소유주들을 어떻게 파악할 수 있을까요? 8:53 PM Jun 21st via TwitBird iPhone in reply to xribbon 현재 뉴스에 문제점이 많이 오르내리는 브랜드의 차 소유주라고 생각해도 좋을 듯하네요.

Very good! ^^ RT @Ca93111 운전면허 신규 발급자. ^^ 8:54 PM Jun 21st via TwitBird iPhone in reply to Ca93111

Excellent! ^^ RT @GeorgeShin 차 등급에 따라 다르겠네요. 경

Chapter 4 Customer Acquisition

차나 소형차는 신규구입이 높으므로, 신입사원이 주요고객이니 의료보험 DB나 신규 신용카드 발급자 DB이고, 중형차 이상은 대부분 재구매이므로 자동차 보험회사 DB가 좋겠습니다. 8:56 PM Jun 21st via TwitBird iPhone in reply to GeorgeShin

어, 재밌네요! ^^ RT @arim1004 서울시에서 발급하는 '다둥이카드'라는 게 있어요. 애 둘 이상이면 발급해주는데 그쪽이랑 제휴하면 어떨까요. 11:52 PM Jun 21st via TwitBird iPhone in reply to arim1004

So far, the best answer! ^^ RT @neokarax 우선시장을 국내차 수입차 그리고 차량배기량 등급으로 나누어봤을 때 1. (기존 차량 보유자) 수입차 및 국내 고급차의 경우 리스 및 할부 종료시점 고객(캐피털회사 자료 또는 고객) 2. (공통) 라이프 스테이지 변화고객 : 무자녀에서 유자녀(의료보험공단) 3. (공통) 차량회사에 차량 관련 정보 탐색·문의 및 상담고객(콜센터, 홈페이지, 매장 등 접점) 4. (기존 보유자) 평균 차량 보유기간에 만기한 고객(연식, 주행거리) 5. 취미 운동 등 라이프스타일별 차종/브랜드 선호차이를 통한 파악(골프, 낚시, 등산 등) 생각할수록 더 많은 것 같습니다. ^^ ;;; 12:01 AM Jun 22nd via TwitBird iPhone in reply to neokarax

좋은 아이디어들이십니다^^ 그런데 여성 신규 면허취득자나 남성

면허 재취득자는 어떻게 파악할 수 있을까요? 12:21 AM Jun 22nd via TwitBird iPhone in reply to CJDREAM 남성 면허는 신규 취득자보다는 가끔 있는 사면 때 생기는 면허 재취득자들의 신규차량 구입욕구가 크겠죠.

좋은 제안이십니다. ^^ RT @DaddySkywalker KBB나 Edmonds 등의 Car Review or value 웹사이트에 최근 가입했거나 최근 방문자들의 리스트를 받을 수 있다면 좋을 듯합니다. (그들 중 가입 시 파트너사 spamming을 허락한 사람에 한해서겠죠.) 8:56 AM Jun 22nd via TwitBird iPhone in reply to DaddySkywalker

---

3. Socrates & CRM Q19 : 획득하기는 쉬운데 유지하기가 어려운 고객(A)과, 획득은 어렵지만 유지하기 쉬운 고객(B)의 예를 들어보시오. 9:23 PM Jun 22nd via TwitBird iPhone

---

전자는 ok 후자는??? ^^ RT @Ggmara 전자는 얼리어답터가 생각나네요. 신제품에 열광하지만 쉽게 옮겨가는 고객이니까요. 후자는 그 반대인 제품의 교환주기가 긴 사용자는 어떨까용. ㅎㅎ 10:02 PM Jun 22nd via TwitBird iPhone in reply to Ggmara

맞긴 한데 좀 범위가 넓지요? ^^ RT @Ggmara 나이에 따른 경향만 놓고 본다면 능동적으로 변화를 받아들이는 젊은 층과 변화에 소극적인 노령층?? 10:04 PM Jun 22nd via TwitBird iPhone in reply to Ggmara

Excellent! ^^ RT @seouljin A : 충동구매자, 가격민감성 높은 소비자, 얼리어답터, 팔랑귀(타인에 의한 구매) B : 구매 시 고관여 상태(공부 많이 한) 소비자(인지적 일관성 원함), 브랜드 마니아(무조건적 사랑), 해당 제품 커뮤니티 회원.

보내주신 답은 고객소유 이슈와 조금 겹치는군요. 미용사나 학원강사의 경우 고객유지가 용이하기는 합니다. ^^ 6:47 AM Jun 23rd via TwitBird iPhone in reply to arim1004 미용실이나 학원의 경우 한번 선생님의 손님이나 학생이 되면 그 선생님이 속한 미용실이나 학원의 고객이 되긴 쉬워도 다른 데로 옮기면 우루루 따라가죠.

아, 좋은 답인데요. ^^ RT @jihozzang A) 이벤트로 유인한 고객. B) 브랜드 가치로 유인한 고객. ^^ 6:48 AM Jun 23rd via TwitBird iPhone in reply to jihozzang

Good! ^^ RT @psy_steve A는 핸드폰 기변 때마다 공짜폰 따라가는 철새고객. 가격이나 효용 중시. B는 011이 뭐 그리 좋다고 끝까지 유지하는 브랜드 충성도가 높은 고객. (정보에 뒤떨어지거나 조심성이 많은 사람들. 신념이기도 한 듯.) 6:50 AM Jun 23rd via TwitBird iPhone in reply to psy_steve

일용품이면 유지가 어렵고 비싼 제품이면 유지가 쉬울까요? 6:53 AM Jun 23rd via TwitBird iPhone in reply to GeorgeShin 구매패턴에 따른 구분이 적용됩니다. 충동구매 제품 포함, 일용품이나 가격이 싼 것들, 즉 구매에 많은 시간을 들이지 않는 품목일수록 A에 가깝고, 거꾸로 비싸거나 구매에 많은 리소스가 들어가는 제품들의 고객들이 B그룹이 되겠네요.

맞습니다. ^^ RT @Creative_Jin 가격민감도가 높은 고객이 신규 유치는 쉽지만 유지가 어려울 것 같습니다~ ^^ 6:54 AM Jun 23rd via TwitBird iPhone in reply to Creative_Jin

의식주 고객 vs 행복추구 고객 구분 좋습니다. NPS는 참고로 학계보다는 GE 등 기업들이 훨씬 많이 사용 중이랍니다. ^^ 6:57 AM Jun 23rd via TwitBird iPhone in reply to yynam A. 자신의 의식주 해결을 위해 구매하는 소비자. B.자신의 행복한 가치를 위해 브랜드를 콜렉션하는 고객. NPS는 리서치 측면에서 아카데믹하나 단기성과 측면에서는 많은 노력이 필요할 듯.

Good! ^^ RT @xribbon 온라인이나 전화로 영업해 얼굴을 보지 않고 획득한 고객 vs 직접 대면하여 획득한 고객. 6:57 AM Jun 23rd via TwitBird iPhone in reply to xribbon

Excellent! ^^ RT @lkwiseok 안녕하세요. 교수님. A는 획득비용 투자가 많고, 경쟁사 이동 시 혜택이 많은 이동통신사 고객, B는 계약관계를 바탕으로 한 보험사 고객이라 생각됩니다. 우리 회사 내부로는 A는 행사선호 고객, B는 클레임처리 만족고객으로 볼 수 있습니다. 2:59 PM Jun 23rd via TwitBird iPhone in reply to lkwiseok

4. Socrates & CRM Q 20 : 획득도 유지도 쉬운 고객(C)과 획득하기도 유지하기도 어려운 고객(D)의 예를 들어보시오 3:09 PM Jun 23rd

비슷하게 짚으셨습니다만. ^^ RT @lkwiseok 생각할수록 더 어려운^^; C는 임직원 또는 판매자의 가족, 지인과 같이 인적관계가 형성되어 있는 고객이나 보험사처럼 판매자 네트워크 기반 회사의 고객. D는 경쟁사 VIP고객처럼 이미 로열티가 형성된 고객이 아닐까요? 5:59 PM Jun 23rd

맞습니다! 그래서 유지도 쉽지 않지요. ^^ **RT @smilegiver7** 만일 동일한 상품을 취급한다는 가정 하에 고객의 성향을 구분하라면 D는 C보다 그 상품에 대한 관여도가 높은 고객이지 않을까 싶습니다.
7:21 PM Jun 23rd via TwitBird in reply to smilegiver7

글쎄요. 관여도를 낮추기보단 충성도를 높이는 것이 어떨까요? **RT @smilegiver7** 그럼 그 관여도를 낮추는 것이 감성을 자극하는 마케팅이 아닐까요? 관여도가 높아질수록 가격민감도는 떨어지게 되니 말이죠. 10:07 PM Jun 23rd via TwitBird in reply to smilegiver7

^^ **RT @smilegiver7** 네, 충성도를 높이는 게 더 효과적인 것 같습니다. 관여도를 낮춘다는 것은 고객을 컨트롤한다는 뜻이고, 충성도를 높이는 것은 고객을 섬기는 것과 더 관계가 있는 것 같기에 충성도를 높이는 게 맞는 것 같습니다. 오늘도 감사합니다. 9:17 AM Jun 24th via TwitBird in reply to smilegiver7

아이폰 고객(C) vs 유선전화 고객(D), 아주 적합한 예를 들어주셨습니다. ^^ 10:54 AM Jun 24th via TwitBird in reply to guanmingkim LG가 아이폰을 들여온다면 획득도 유지도 쉽겠고, 가족이 모두 핸드폰 쓰는데 유선전화만 팔면 획득도 유지도 어렵겠네요.

5. Socrates & CRM Q21 : Q19와 Q20의 A, B, C, D 고객유형 중 유통업에서 인당 수익기여가 가장 높을 것 같은 유형은? (& why?) 1:09 PM Jun 24th via TwitBird

---

유통업이라도 그럴까요? ^^ **RT @seouljin** C가 아닐까요? 해당 브랜드에 대한 충성도가 높을 경우 획득과 유지 모두 쉽게 이루어질 테니까요(애플(모 브랜드)에 대한 충성도→아이폰, 아이팟, 아이패드에 열광) C>B>D>A 순서가 아닐까 합니다만. :) 3:59 PM Jun 24th via TwitBird in reply to seouljin

좋습니다! ^^ **RT @seouljin** 앗, 유통업이군요. 그럼 B와 C의 순서를 바꿔볼게요. ^^ B와 같이 어렵게 모신 고객(까다로운 고객)이 충성심을 가지면(유지 쉬움)더 좋은 고객이다? 그럼 다시, B>C>D>A로 정리할게요. ^^ 4:53 PM Jun 24th via TwitBird in reply to seouljin

CRM Q21 정답 : B>D>C>A (참조 : Harvard Business Review 2004 July – Aug by Thomas – Reinartz – Kumar) 6:47 PM Jun 24th via TwitBird

---

6. Socrates & CRM Q26 : 신용카드업계에서 많이 쓰고 있는 어피니티 카드(affinity card, 예컨대 BC – 스카이패스카드, 삼성 – 신세계카드,

신한-KAIST카드 등) 마케팅의 목적은? 성공요인은? 2:12 PM Jun 28th via TwitBird

훌륭합니다! ^^ 그럼 제휴사(KAL, 신세계 등)가 얻는 가치는? RT @lkwiseok 서비스 공유를 통한 카드상품의 가치증진 및 목적성 서비스 제공으로 타깃군 고객획득이 목적이 아닐까요? 성공하기 위해서는 카드사 및 제휴사가 윈윈할 수 있는 마케팅수행 및 비용부담 체계로 안정적 서비스/상품운영이 필요합니다. 10:37 PM Jun 28th via TwitBird in reply to lkwiseok

'금전적인 손실을 볼 수 있는 카드사용'이란? 10:40 PM Jun 28th via TwitBird in reply to seouljin 자신의 부족한 기능보완 및 브랜드 이미지 강화 기회. 고객정보 공유 및 장기적 관계형성. 카드사 : 금전적 손실로 볼 수 있는 카드사용을 마일리지로 전환해 일종의 framing effect. 차별화 어려운 업종일 경우, 매력적인 스폰서와의 결합이 중요.

재벌그룹 카드사들이 captive* base로 급성장한 것은 맞으나 KAL이나 KAIST는 카드사에 종속되어 있지 않은 것 같지요? ^^ 10:45 PM Jun 28th via TwitBird in reply to heechulpark 과거 삼성, LG가 captive base로 성장했고, 최근 현대나 롯데 역시 captive affinity card로

급성장, 카드시장 진입장벽이 돼버림.

★ capitive : 그룹 관련 사업

Good! RT @GeorgeShin 관계마케팅의 결과로, 각기 다른 소비자들 니즈를 세그먼테이션하여 만든 상품, 일종의 customized 상품인 거죠. 여행을 필요로 하는 사람들, KAIST에 있는 사람들, 이마트 자주 가는 사람들. 각기 다른 니즈를 만족시킵니다. 카드사와 제휴사는 이를 통해 반복구매를 유도하여 고객의 로열티를 구할 수 있습니다. 10:51 PM Jun 28th via TwitBird in reply to GeorgeShin

맞습니다! RT @heechulpark 카드사 입장에서 보면 KAL은 카드이용확대 측면에서, KAIST는 회원모집 측면에서의 어피니티 아닌가요? 회원모집 측면에서의 어피니티 시장은 점점 축소되는 형국.
11:32 PM Jun 28th via TwitBird in reply to heechulpark

Agree! ^^ RT @seouljin 카드사용이 곧 소비이기 때문에 사람들이 loss로 지각하지만, 이를 마일리지로 전환해줌으로써 발생하는 gain으로 얻게 되는 (감정적) benefit이 있지 않을까 하는 생각이었습니다~ 11:33 PM Jun 28th via TwitBird in reply to seouljin

맞습니다! ^^ RT @heechulpark '어피니티' 하면 BOA와 합병한

MBNA가 대표적 사례인데. 그 회사는 9개 섹터로 구분된 약 5,100여 개의 '어피니티 그룹(Affinity Group)'을 개발/관리 // 어피니티의 성공과 한계 케이스. 2:58 PM Jun 29th via TwitBird in reply to heechulpark

'CRM Q26' 힌트 : "누이 좋고 매부 좋고." ^^ 9:25 PM Jun 29th via TwitBird

Affinity 마케팅 정리 : 카드사 – 우수 고객군 targeted 획득, 기존 우수고객 유지 강화 ; 제휴사 – 카드사 혜택 활용 통해 자사 고객의 충성도 제고 및 유지강화, make some money out of 제휴. ^^
4:01 PM Jun 29th via TwitBird

7. Socrates & CRM Q27 : 고객획득 전략 중 F&F(friends&family), MGM(member – get – member) 등 기존고객 대상 전략이 성공하기 위한 조건은? 5:57 PM Jun 29th via TwitBird

OK and? RT @MiniJuliet 조건은… 먼저 기존고객들의 제품에 대해 만족도 및 재구매 의향이 높아야 한다? ^^ ; 7:14 PM Jun 29th via TwitBird in reply to MiniJuliet

이 경우 오히려 NPS를 높이려면? ^^ RT @Creative_Jin 만족도 재구매 의향에 브랜드 충성도까지 높아서 NPS까지 높아야 할까요?~ ^^ 9:24 PM Jun 29th via TwitBird in reply to Creative_Jin

Excellent! ^^ RT @solipkim 기존고객들이 신규 멤버를 추천할 수 있는 차별적인 요소 필요. 기존 멤버가 신규고객 소개·유치 시 기존 및 신규고객 모두에게 특별 메리트 제공. 9:16 AM Jun 30th via TwitBird in reply to solipkim

RT @antidote21 ㅎㅎㅎ 스타벅스는 신규점 오픈 시 family & friends party를 하는데요. 비슷한 전략이겠죠??? 기존고객 로열티 확보 및 신규고객 창출… 아는 사람이 소개하니 신뢰도는 듬뿍!!!

맞습니다. ^^ RT @lovelybbo 추천자와 추천받는 사람에게 플러스 알파의 부가혜택을 주면 좋지 않을까요? 예를 들면 학원에서 잘하는 친구 데려오면 한 달 무료 식의 혜택이나 카드사의 포인트 공유 혜택 등… 9:25 AM Jun 30th via TwitBird in reply to lovelybbo

딩동댕! ^^ RT @MiniJuliet 기존고객들에게 혜택이 주어져야 한다 ?? 자발적으로 제품/서비스를 추천하는 데 따르는 보상이 이루어져야 NPS가 자연스럽게 높아지게 된다?? "누이 좋고 매부 좋고"

에서 힌트를 얻어봤는데 맞나요? ^^ 9:26 AM Jun 30th via TwitBird in reply to MiniJuliet

Good! RT @lkwiseok 로열티가 높고 수익성이 좋은 기존고객군을 대상으로 희소성 있는 서비스를 지인과 함께 나눌 수 있도록 함이 필요할 듯합니다. 또한 추천받는 고객에 대한 혜택과 추천한 고객 보상(reward)도 함께 부여하여 활성화. 9:28 AM Jun 30th via TwitBird in reply to lkwiseok

때로는 고객을 경쟁사로 보낼 수도 있어야 한다

　선배가 김밥 체인점 사장님이 되었다. 해외 MBA 학위 취득 후 대기업에서 중견간부로 직장생활을 하다가 은퇴한 뒤 시작한 제2의 도전. 평소 친한 선배였기에 개점 초기에는 여러 가지 자문도 해주고 바쁘면 대신 카운터도 봐주곤 했다.

　마침 그날도 잠깐 자리를 비운 선배 대신 계산대를 맡고 있는데, 어떤 아주머니 고객 한 분이 들어오더니 김밥 5인분을 포장으로 주문했다. 친구가 입원한 근처 병원에 병문안 온 길에 들렀다고 했다. 포장을 마치고 계산을 하려고 고객이 건넨 신용카드를 긁었더니 이거 웬걸, '카드 미개설 점포'라는 에러 메시지만 뜨고 결제는 되지 않았다. 선배가 제출한 카드개설 신청서가 카드사에서 아직 처리되지 않았던 것 같았다. 가게 입구에 사용 가능하다고 스티커까지 붙여놓은 카드가 처리되지 않자, 현금이 넉넉지 않았던 이 고객은 당혹한 빛이 역력했다.

　이때 내 옆에서 김밥을 말던 김밥업계 5년 경력의 베테랑 아줌마가 "가게 나가서 오른쪽으로 100m만 가면 은행의 현금 자동입출금기가 있으니, 가서 현금 찾아오세요."라고 말했다. 순간 나는 고객에게 "아, 아닙니다. 카드결제가 안 돼 너무 죄송합니다. 김밥은 그냥 가져가시고 나중에 이 근처에 들르실 때 돈을 주십시오."라고 말한 뒤 정중하게 고객을 배웅했다.

고객은 적잖이 놀란 표정이었고, 옆에 있던 김밥 아줌마는 어처구니없어 했다. 조금 뒤 돌아온 선배도 황당해하기는 마찬가지였다. 나는 선배를 안심시키며 큰소리를 쳤다.

"그분이 다시 오지 않으면 내가 대신 김밥 값을 물어낼 터이니 걱정하지 마세요." 자, 김밥집 근처에 살지도 않는 이 아줌마 고객은 과연 돌아왔을까?

3일 후, 학교에서 CRM 강의를 하던 내게 문자 메시지가 날아왔다. 선배였다. 그 아줌마가 친구들까지 데리고 와서 외상 김밥 값을 갚은 것은 물론이고, 추가로 10인분이나 더 사갔다고.

김밥집의 그 고객은 왜 먼 곳까지 다시 와서(친구들까지 데리고!) 외상값을 갚았던 것일까? 예상치 못했던 나의 작은 친절에 '감동'했기 때문일 것이다.

작은 김밥집이든 글로벌 기업이든, CEO치고 자사의 미션이나 핵심가치에 '고객만족', '고객감동', '고객중심 경영'과 같은 문구를 넣지 않는 경우는 드물다. '고객획득'의 가장 핵심에는 '고객만족'이라는 절대적인 필요조건이 전제돼 있으니, 고객중심 경영을 표방하는 것은 어쩌면 당연한 일이다. 그럼에도 내가

KAIST에서 지난 10여 년간 고객관리 현황을 진단한 100여 개 국내 기업 중 문자 그대로 '고객중심'의 경영을 실행하고 있는 기업들은 손가락으로 꼽을 정도다. 왜 이런 현상이 발생하는 것일까? 고객들이 원하는 진정한 고객만족 경영이란 과연 어떤 것일까? 몇 가지 사례를 통해 살펴보자.

국내 한 분유회사 콜센터에서는 지난 수년간 수십 명의 고객 상담요원들을 고용해, 아기를 낳아 수유 중인 어머니들을 대상으로 전화 마케팅을 했다. 타사 분유를 수유하는 어머니들에게 "우리 분유가 더 좋으니 바꾸세요."라고 판촉을 했고, 전환 실적에 따라 성과급을 지급했다. 그러자, 정작 자사 분유를 수유 중인 '충성고객'들이 전화를 받으면 육아상담이고 뭐고 가급적 빨리 전화를 끊는 일이 벌어졌다. 콜센터 직원으로서는 그 시간에 타사 고객에게 전화하는 것이 소위 '남는 장사'였던 것이다.

이쯤 되면 '고객관계관리(CRM)'가 아니라 '역(逆) CRM'이다. 게다가 멀쩡히 잘 먹이던 분유를 경쟁사의 판촉전화 한 통 받고 "아, 예, 제가 그동안 정말 잘못 먹였군요. 앞으로 분유 바꿀게요."라고 대답할 엄마는 과연 또 몇 명이나 있겠는가?

이런 점을 파악한 회사는 영업부문의 극심한 우려와 반대에도 불구하고 '타사 고객 전환' 대신 '자사 고객 강화' 쪽으로 콜센터의 육아상담 전략을 180도 전환했다. 그 결과는 고객들의 만족으로 이어졌고, 이 회사는 2009년 분유부문에서 창사 이래 최고의 매출과 시장점유율을 기록했다.

또 다른 사례를 살펴보자.

창업 10년 만인 2009년 아마존에 12억 달러에 인수돼 화제가 된 온라인 신발판매회사인 자포스(Zappos)를 아는가? 인수 당시 금액만큼이나 배경에도 관심이 쏠렸다. 아마존이 "자포스의 매출이 아니라 기업문화를 보고 인수했다."고 밝혔기 때문이다. 아마존이 탐냈던 자포스의 기업문화란 과연 무엇이었을까? 그들의 10대 핵심가치 중 첫 번째는 바로 '고객감동 서비스를 실천하자'였다. 이 흔한(?) 강령을 자포스는 지난 10년간 변함없이 실천에 옮겼다.

고객이 원하는 신발이 자사 사이트에 없을 경우 자포스는 주저 없이 해당 제품을 판매하는 경쟁사 사이트로 고객을 안내했다. 한번은 온라인 판매 후 고객이 구매한 신발을 잘 신고 있는지 해피콜을 했다. 그런데 고객은 "입원 중인 어머니를 위해 신발을 사드렸는데 어머니가 돌아가셔서 신발을 신어보지도 못하셨다."고 울먹이는 것이 아닌가.

자포스의 해피콜 담당자는 즉석에서 해당 고객의 주문에 대해 환불을 약속했다. 무료 반품기간(15일)이 훌쩍 지난 뒤였지만 개의치 않았다. 다음 날 이 고객은 자포스로부터 간곡한 애도의 뜻이 담긴 카드와 조화까지 받았다. 이 고객이 자신의 개인 블로그에 올린 글은 전 세계 언론과 수많은 블로그 사이트로 퍼지면서 자포스의 고객 서비스를 널리 알리는 계기가 되었다.

'고객중심'이라는 핵심가치를 가지고 있는 것과 제대로 실천하는 것 사이에는 '하늘과 땅' 차이가 있다. 김밥집이건 분유회사건 온라인 쇼핑몰이건, 고객중심의 경영을 실천하려면 몇 가지 전제조건이 있다.

첫째, 조금 이상하게 여겨질 일이라도 고객을 위해 선뜻 할 수 있어야 한다. 낯선 고객에게 김밥을 외상으로 판매하고, 자사 고객에게 경쟁사 제품을 소개하는 식이다.

둘째, 이러한 문화에 적합한 직원을 선발하고 교육해야 한다.

셋째, 고객문제를 실시간으로 해결하기 위해서는 고객을 대하는 직원에게 자율적 권한을 부여해야 한다. 직원으로 하여금 그 자리에서 무료반품을 결정하게 한 자포스처럼 말이다.

넷째, 고객중심의 직원성과 평가제도를 갖춰야 한다.

마지막으로, 이 모든 것을 지원하고 적극적으로 이끌 '고객중심의 CEO'가 필요하다.

(원문 : "낯선 고객에 김밥을 외상으로 팔 수 있어야 한다", 조선일보 Weekly Biz, 2010년 10월 8일자.)

Customer Retention

고객유지 :
고객과의 '두 번째 만남'을 준비하라

 Customer Retention

1. Socrates & CRM Q22 : 8번 오면 다음 번 무료이고 첫 방문에 도장 한 번 찍어주는 식당과, 10번 오면 다음 번 무료인데 첫 방문에 도장 3번 찍어주는 식당 중 어느 식당의 재방문율이 높을까요? 이유는? ^^ 8:05 PM Jun 24th via TwitBird

그럴까요? ^^ **RT @Creative_Jin** 저는 첫 번째일 것 같습니다. 두 번째의 경우 비록 3번을 한 번에 찍어주어서 남은 횟수는 7번이지만, 소비자의 인식에는 총 10번을 찍어야 한다는 숫자만 인식되어 부담이 될 것 같습니다. ^^ 9:43 PM Jun 24th via TwitBird in reply to Creative_Jin

품질은 같답니다! ^^ **RT @bright_cho** 별 차이 없을 것 같지만 굳이 고르라면 8회에 한 번 무료제공 식당이요. 도전 목표가 낮아서 심리적으로 왠지 자주 공짜로 먹는다고 생각할 것 같아요. (근데 두 식당 품질은 유사하겠죠? ㅎㅎ) 9:46 PM Jun 24th via TwitBird in reply to bright_cho

RT @coreabhe '10번 오면 무료'인 집입니다. 7번 남은 건 같은 상황이지만, 3번 도장은 혜택을 받은 느낌으로 긍정적 호감도가 증가할 것 같고, 이미 한 번 찍힌 것보단 3번 찍힌 게 성취욕을 더 발동시킬 것 같습니다. :) 9:48 PM Jun 24th via TwitBird in reply to coreabhe

정답입니다! ^^ RT @seouljin 후자 - 재방문 의도는 첫경험에 대한 심리적 만족도가 높아야 할 텐데요, 후자의 경우 이미 30%(1/3)에 도달했기 때문에 더 방문동기가 높아질 것 같아요. (+종결욕구) 10:41 PM Jun 24th via TwitBird in reply to seouljin

그렇습니다. ^^ RT @parkdove (3) 고객과의 관계형성 시 이성과 감성이 둘 다 중요한데, 질적 상황이 동일하다면 이성적인 부분은 양 식당의 차이가 없지만 감성적인 부분에서 초기 3번 도장을 받은 고객만족도가 높을 듯싶네요. 12:42 AM Jun 25th via TwitBird in reply to parkdove

^^ RT @antidote21 마케팅을 이끌며 생각도 못해봤던 질문이네요. 물론 첫인상이 중요하기에 후자입니다. 언제 한번 해봐야겠는걸요! 12:44 AM Jun 25th via TwitBird in reply to antidote21

실제 연구결과에 따르면 그렇답니다. ^^ RT @radbaek 저보다 덜 비정상적인 사람은 벌써 30%를 달성했다고 좋아하면서 3번 찍어준 식당에 가겠지요? 12:02 PM Jun 25th via TwitBird in reply to radbaek

네, 맞습니다! ^^ RT @lkwiseok 첫 방문 시 도장 3번 찍어주는 식당이 리워드에 대한 친밀도 및 탄성을 부가하여 재방문율이 높겠습니다. 교수님 올려주시는 사진으로 활력을 느끼곤 합니다. 감사합니다. ㅎ ^^ 12:03 PM Jun 25th via TwitBird in reply to lkwiseok

---

2. Socrates & CRM Q23 : CRM 관점에서 보는 frequency marketing(10회 이용 시 1회 무료)*의 장점과 단점은? 2:02 PM Jun 25th via TwitBird

★ frequency marketing : 빈도 마케팅. 대개 금전적 인센티브를 제공한다.

Excellent! ^^ RT @lovelybbo 단골을 파악하고 유지관리할 수 있다는 점과 신규고객을 고정고객으로 유도할 수 있는 장점, 테이크

아웃 커피점만 보더라도 거의 다 실시해 차별성이 적어 오히려 '투자'보다 '비용'으로 인식될 수 있다는 점은 단점. 6:51 PM Jun 25th via TwitBird in reply to lovelybbo

Probably yes! ^^ RT @radbaek 그냥 가만히 두어도 사먹을 사람들에게 괜히 한 번 더 줄 수도 있고요. 일부 사람들은 꼬드긴다고 생각하고 안 사먹을 수도 있고, 일부는 매번 가격에 한 번 공짜가 포함되어 있다고 느끼는 사람 중에 10번 사먹을 가능성이 없으면 안 사먹죠. 6:57 PM Jun 25th via TwitBird in reply to radbaek

의사들에게는 별 차이가 없을 것 같고, 젊은 직원들은 약간의 아쉬움이나 섭섭함이 생겨 커피는 비슷하게 마셔도 WOM은 조금 약해질 것 같군요. ^^ 7:10 PM Jun 25th via TwitBird in reply to radbaek 우리 병원에 커피집이 두 군데 있는데 한 군데는 가격이 비싸고 다른 한 군데는 가격이 쌉니다. 가격이 싼 집은 싼 맛에 사람들이 몰리는데 10번에 한 번을 더 줍니다. 안 줘도 비슷한 매출이 오르리라고 생각되는데요. 교수님 의견은 어떠신가요?

훌륭한데요! ^^ RT @GeorgeShin •장점 : 단골형성으로 전체적인 revenue 증가. 고정비 비율이 큰 업종에 효과적. •단점 : 비용(수입감소 및 관리비용)증가, 초기에는(도장 3~5개 넘어갈 때까지) 효과 보장 못함. 남들도 쉽게 따라 할 수 있음. 9:19 PM Jun 25th via TwitBird in reply to GeorgeShin

훌륭합니다! ^^ RT @solipkim 장점 : 반복적으로 고객들이 매장에 오게 할 수 있다. 8~9회 방문 시 10회 방문 유도의 힘이 있다. 단점 : VIP고객을 만들기 어렵고 분별하기 어렵다. 고객들이 10회 이상 재반복 충성하게 만드는 요소가 없다. 10:02 PM Jun 25th via TwitBird in reply to solipkim

Very good! ^^ RT @lkwiseok 반복구매 유도함으로써 지속적 관계를 구축할 수 있고, 10% 할인보다 상품/서비스의 가격정책에 피해 없다는 점이 장점. 첫 구매 고객에게는 매력도가 떨어질 수 있어 2차 구매 유도는 취약할 수 있는 점이 단점. 12:09 AM Jun 26th via TwitBird in reply to lkwiseok

3. Socrates & CRM Q24 : 식당, 미장원, 영화관, 놀이공원 중 Frequency marketing의 적합도가 높을 것 같은 순서는? 이유는? 12:22 AM Jun 26th via TwitBird

정답입니다! ^^ 그런데 '빈도' 말고 또 다른 고려사항은? RT

@yongjjang 식당〉영화관〉미장원〉놀이공원 순이 아닐까요. 그야말로 빈도가 높기에… 9:54 AM Jun 26th via TwitBird in reply to yongjjang

RT @KISUEY81 영화관〉미장원〉식당〉놀이공원일 것 같은데… (실제 S기업의 놀이공원은 CRM팀이 운영된 지 채 몇 개월 되지 않다 해서 놀랐습니다.) 9:55 AM Jun 26th via TwitBird in reply to KISUEY81

놀이공원은 평균 연 2회 정도 방문을 하니 10회 채우려면 너무 오래 기다려야 하지 않을까요? ^^ 9:57 AM Jun 26th via TwitBird in reply to ChangKorea

식당, 미장원, 영화관, 놀이공원을 빈도뿐 아니라 업종별 고객점유율(wallet share) 관점에서 본다면 Freq 마케팅의 필요성은? 1:09 PM Jun 26th via TwitBird in reply to psy_steve 식당〉미장원〉영화관〉놀이공원. 생활에 밀접한 것, 나와 가까이 있는 것일수록 자주 찾게 되니까. 사실 영화관과 미장원의 순위는 성별이나 연령에 따라 애매하지만…

미장원은 영화관보다 더 자주 정기적으로 방문하는 고객이 많긴 하지만, 영화관처럼 switching cost*가 낮지 않고 대부분의 고객들이 한 미용실(또는 한 미용사)을 이용하고 있으므로 Freq 마케팅의 효과는 제한적일 듯합니다. ^^ 3:07 PM Jun 26th via TwitBird

★ switching cost : 소비자가 기존과 다른 제품/서비스를 선택할 때 발생하는 비용.

^^ RT @kaistjina 여자의 경우 영화관>식당>미장원>놀이공원 (이유 : 주로 가는 극장에서 항상 다른 영화를 접하므로, 매일 같은 식당 가면 지겹겠지만 그래도 맛있는 식당이라면 보통 한 달에 한두 번 가므로, 여자는 미용실을 보통 분기마다 감.) 3:12 PM Jun 26th via TwitBird in reply to kaistjina

Freq 마케팅 정리1 : 보상달성 기간이 너무 길거나(놀이공원) 스위칭 코스트가 높은(미장원처럼 고객이 쉽게 바꾸지 못하는) 업종보다는 사용빈도가 높고 매번 다른 선택이 용이한 업종(식당, 영화관, 커피전문점 등)에 보다 적합. ^^ 7:46 AM Jun 27th via TwitBird

Freq 마케팅 정리2 : 미장원 고객 중에는 사용빈도가 여성보다 3~4배 높은 남성고객 대상, 극장의 경우 10~20대 고객 대상 또는 주거지역 독점 영화관보다 상업지역 영화관 밀집지역에서 Freq 마케팅이 보다 효과적. 8:13 AM Jun 27th via TwitBird

---

4. Socrates & CRM Q28 : 현대백화점에서는 신규고객을 획득했을 때 'Rule of Two'를 강조한다고 합니다. 이 룰의 의미는 무엇

일까요? 왜 이런 룰이 생겼을까요? 9:48 AM Jun 30th via TwitBird

아, 살짝 빗나가셨습니다. ^^ RT @psy_steve 설마 이 룰이… 〈스타워즈〉에 나오는 그 'Rule of Two'인가요? 그렇다면 아마 그 신규고객이 새로운 신규고객을 끌어올 수 있도록 제대로 세뇌를 시키라는 의미가 아닐까요? ㅋㅋㅋ 10:25 AM Jun 30th via TwitBird in reply to psy_steve

딩동댕, 정답입니다! ^^ RT @LeapOfChange 1회 구매고객보다 2회 구매고객의 유지율이 월등이 높으므로 2회 구매를 유도하는 활동에 집중해야 한다? 8:25 PM Jul 1st via web

Excellent! ^^ RT @lkwiseok 2차 구매의 중요성을 의미하며, 2차 구매의 시기와 비중에 따라 고객유지율 향상이 가능합니다. 저희도 신규고객의 1년 내 재구매율 증가 시 전체 고객유지 기간 향상으로 이어짐을 확인했습니다. 8:27 PM Jul 1st via web

네, 맞습니다. 홍보담당자는 모를 수도 있겠지요. CRM 부서에서 강조하는 내용이니까요. ^^ 8:28 PM Jul 1st via web in reply to Zzuuuuuuu @dominomoi 현대백화점 홍보담당자에게 물어봤는데 무슨 말인지 모르는데요. -_-;; 고객 신규유입에 그치지 않고 충성고객의 첫

걸음이 될 수 있도록 하는 재구매 유도 전략이 아닐까요?

몇 분이 정답 올리셨듯이 "첫 구매고객은 아직 우리 백화점 고객이 아니니 두 번째 구매를 위해 최선을 다하자."가 Rule of Two의 핵심이랍니다. ^^ 5:45 PM Jul 2nd via web in reply to Zzuuuuuuu

네, 맞습니다! ^^ RT @Coolluck2U Q28의 의견이 없어서 적어봅니다. 신규획득을 프로모션/이벤트 등으로 했을 경우 재구매가 없다면… 일회성 고객에 대한 고민 속에서 나오지 않았을까 싶습니다.
5:46 PM Jul 2nd via web

5. Socrates & CRM Q29 : 백화점 외에도 'Rule of Two'가 중요한 산업들은? 이러한 산업들의 공통점은? 3:25 PM Jul 1st via web

2차 구매 유도를 위해 노력 투자하기 위해서는 고마진 업종이 적합할 것 같습니다. 또 다른 조건은? RT @solidyun 백화점 골프장처럼 고객 한 명당 마진이 높은 고액성 업종이 유리할 것 같네요. 박리다매라면 기존고객에게 줄 인센티브가 더 부담될 듯. 5:47 PM Jul 2nd via web

네, 맞습니다. 선호회사의 고객점유율(wallet share)이 높은 업종들이 지요. 또 다른 조건은? ^^ RT @Eelly_Ella 화장품/의류 등 각종 뷰티산업이 아닐까요. 한번 마음에 든 브랜드는 단골이 되는 충성고객들이 많으니까요. 5:48 PM Jul 2nd via web

Excellent! ^^ RT @LeapOfChange 상품으로는 소비재, 산업으로는 유통/서비스, 시장점유율로는 약 15% 이상의 초기다수수용자가 확대되는 시점 등 재구매율이 중요해지는 시기가 아닐까요? 10:27 AM Jul 3rd via web

고객마다 회사마다 상황이 다르니 개별 조직에 완벽하게 맞는 답은 찾기 어려울 것 같고, 산업별 상황에 가장 부합할 만한 최선의 답을 찾아보는 것이 필요할 것 같습니다. ^^ 10:30 AM Jul 3rd via web in reply to hi1525 근데 고객과 관련해서 퍼펙트한 답이 있는 건가요???

Q28~29 Extra comment : 고마진, high lifetime value 외에도 구매 인터벌이 길거나(패션/의류, 백화점, 호텔), 고객의 선택대상이 너무 다양하여(식당, 공연장 등) 1회 구매자의 유지가 매우 어려울 경우도 'Rule of Two'가 유용하겠지요?^^ 10:32 AM Jul 3rd via web

6. Socrates & CRM Q34 : 대한항공이나 아시아나항공이 운영 중인 마일리지 프로그램의 (금전적/비금전적) 가치와 비용은? Is value>cost? 6:15 PM Jul 8th via TwitBird

RT @st_ragi 운영 중이라는 점에 초점을 맞추자면, 중단할 경우에 발생할 잠재적 손실을 예방한다는 가치가 이를 운영함으로써 발생하는 비용을 능가한다고 봅니다. 고정비 비중이 절대적인 항공산업 특성상 마일리지 이용 고객의 비용 역시 적고요. 7:21 PM Jul 8th via TwitBird in reply to st_ragi

^^ RT @korjpnchn_no1 인천발 북경or상해 왕복 마일리지 약 900 마일리지 적립, 편도항공권 마일리지 차감 15,000마일리지. 아시아나로 집중하기 위해 중국 국내선도 스타얼라이언스 소속항공만 이용. 온 가족 마일리지 선택. 카드도 아시아나클럽 국민카드. 가치에 한 표! 7:21 PM Jul 8th via TwitBird in reply to korjpnchn_no1

Good! ^^ RT @ProducerWon 가치 높은 프로그램으로 이익창출 목적으로 사용하지 않고 고객에게 환급한다면 충성도 높은 단골고객 확보로 이어질 수 있다. 또한 얼라이언스와의 협동으로 서비스의 질적 향상을 가져오는 효과도 있음. 10:37 PM Jul 8th via TwitBird in reply to ProducerWon

RT @yongjjang 제 개인적 의견은 마일리지 프로그램의 효과가 더 이상 무의미하다고 생각함. 비용만 눈덩이가 아닐는지… 비행사 간의 차별화가 없는 듯… 10:43 PM Jul 8th via TwitBird in reply to yongjjang

RT @heechulpark 마일리지 밸류에이션 관점에서 보면 대한항공 은 value〉cost, 아시아나 value〈cost(고객입장과 회사입장은 반대?)… 마 일리지 사용 가능성이 높은 대한항공 마일리지 교환가치가 높기 때 문이 아닐까 합니다. 11:48 PM Jul 8th via TwitBird in reply to heechulpark

---

7. Socrates & CRM Q35 : 고객 마일리지 프로그램 설계 시 기업들이 결정해야 할 주요 사항들은? 1:17 PM Jul 9th via TwitBird

---

Very good & ? ^^ **RT @arim1004** 마일리지 사용처, 마일리지 유 효기간, 적립단위, 마일리지 조회, 마일리지를 지칭하는 독특한 네 이밍. 5:45 PM Jul 9th via TwitBird in reply to arim1004

Excellent! ^^ **RT @arim1004** 마일리지 타인 제공 여부 및 제공 범위, 타사와의 제휴 여부. 5:46 PM Jul 9th via TwitBird in reply to arim1004

CRM Q35 +2% : 구매액 대비 적립비율, 마일리지카드 유형, 카드 발급 시 수집 고객정보, 누적 마일리지 별 고객등급화 여부, convexity & divisibility★ 등. 4:08 PM Jul 10th via TwitBird

★ convexity : 우수고객들에게 더 큰 혜택(예 : 더 높은 적립률) 제공.

★ divisibility : 적립 마일리지의 사용 용이성.

8. Socrates & CRM Q36 : 항공사 마일리지 프로그램처럼 어느 정도 적립이 된 후 보너스 상품을 받는 경우와, OK캐시백처럼 적립포인트를 즉시 현금같이 사용가능한 캐시백 로열티 프로그램 간 고객 및 회사 관점의 장단점은? about 8 hours ago via TwitBird

좋습니다만, 단점은? RT @ProducerWon 마일리지가 기업에는 재구매 효과가 있다면 반복구매가 높지 않은 소비자에게는 다소 강제구매가 될 수 있고, 캐시백의 경우 소비자에게는 덤이라는 개념이고, 기업에는 소비 선순환을 위한 투자라고 생각합니다. 실제로 성공하는 것 같음. 9:36 AM Jul 12th via twtkr in reply to dominomoi

Good! ^^ RT @GeorgeShin 항공사 프로그램 : 버려지는 마일리지는 고객에겐 단점이지만, 회사는 비용절감에, 기본 마일리지도 못채우는, 어르신 단체관광객 같은 어쩌다 한번 이용하는 분들에 대한 필터링이 가능한 로열티 프로그램이라는 점에서 OK.

OK캐시백 : 일상 속에 모든 매출과 연관되어 있어 상대적으로 충성고객 관리보다는 저변확대 관리가 필요하며, 이를 위해 즉시 사용 포인트제가 더 효과적으로 고객유인. 추가비용이 더 들 것 같은데 얼마나 더 들지는 정확한 검증 필요함. 2:58 PM Jul 12th via TwitBird in reply to GeorgeShin

스카이패스카드 같은 마일리지 프로그램이 항공사를 위한 충성고객을 창출하지 못한다면 어떤 가치가 있을까요? 그냥 경쟁사들이 하니 울며 겨자 먹기? ^^ 9:31 PM Jul 12th via TwitBird in reply to ProducerWon 두 프로그램 모두의 단점으로 프로그램을 통해 충성도 높은 고객을 만들어낼 만큼의 메리트가 없다는 문제를 갖고 있으며, 낮은 비율일지라도 할인을 선호하는 현대 소비자에게 외면당하는 실정이다.

Very good! ^^ RT @ProducerWon 일반고객을 충성고객으로 만들기 위해서는 마일리지 또는 포인트를 통해 돈으로는 경험할 수 없는 서비스를 제공해야 한다고 생각합니다(만석 시 비즈니스석 업그레이드 등). 7:51 AM Jul 13th via TwitBird in reply to ProducerWon

Excellent! RT @Coolluck2U 1)적립 Pro : Lock-in, 이탈방지. Con : 기준 높으면 획득 난이→서비스 품질로 로열티 향상. 2) 현금사용 Pro : 초기 구매유도, 즉시성. Con : 장기유지 어려움→

OK Cashbag or 자사 고객? 3 : 19 PM Jul 13th via TwitBird in reply to Coolluck2U

9. Socrates & CRM Q46 : 기업들이 자체 로열티 프로그램을 운영하는 대신 OK캐시백과 제휴할 경우의 장점과 단점은? 11:30 PM Jul 23rd via TwitBird

Good! ^^ RT @CJDREAM 장점은 신규고객 유입이 늘고 매장 신뢰도가 향상되겠죠. 단점은 고객정보가 유출되고 사실상 포인트만큼 비용 발생하죠. 내부 포인트는 사용 안 하면 기업이익으로 전환되지만 OK캐시백은 고객이 사용 안 해도 비용은 발생하죠. 1 : 11 PM Jul 24th via TwitBird in reply to CJDREAM

Yes! RT @simjtak 캐시백이 가지고 있는 로열티를 가져 손쉽게 고객 로열티의 기반 확보가 가능하나 꼭 내 가게에 대한 로열티는 아니겠죠… 자체적일 경우 더 큰 비용이 발생하고 로열티 기반 마련도 힘들고 하지만 내 가게에 대한 로열티니깐! 1 :16 PM Jul 24th via TwitBird in reply to simjtak

Good! RT @bluempathy 장점 : 로열티 프로그램의 간편한 도입.

단점 : 기업과 OK캐시백에 대한 로열티가 혼재하고, 개별고객 정보의 파악이 어려워 독자적인 비용 대비 효과 산정 및 맞춤 마케팅 계획 수립 등의 계량화된 CRM이 어려움. 1:17 PM Jul 24th via TwitBird in reply to bluempathy

Good! ^^ RT @yjdotcom 캐시백의 장점은 자체 로열티 프로그램보다 운용하기 편하고 제휴업체가 많아 고객들의 사용처를 다양화할 수 있음. 단점은 캐시백 프로그램에 종속되면 고객관리나 자체적인 CRM 활동에 제약이 있을 수도. 1:23 PM Jul 24th via TwitBird in reply to yjdotcom

Yes! RT @seouljin 장점 : 로열티 프로그램 운영비용 절감, 고객 구매행동 유인 및 유지 가능 / 단점 : 고객정보 확보불가, 충성도 주체 모호(즉 나를 만나러 오는 고객이 내가 좋아서인지 내 친구를 좋아해서인지를 알 수 없음 ^^) 1:24 PM Jul 24th via TwitBird in reply to seouljin

Yes! RT @LuxferreJ 장점 : 최소비용 도입 및 프로그램에 따른 리스크 관리비용 거의 없음. 단점 : 독자적인 로열티 프로그램의 도입 힘들고 고객정보 축적이 힘듦. 특히 최우량 고객의 정보가 OK캐시백과 제휴된 다른 경쟁사에 넘어갈 것도 감수해야 함. 11:17 PM Jul 24th via TwitBird in reply to LuxferreJ

프로그램 종료 용이성 잘 지적해주셨네요. ^^ RT @kejeras 장점 : 비용이 적게 든다, 범용성 있다, 무엇보다 그만두고 싶을 때 그만둘 수 있다. 단점 : 고객의 정보나 CRM이 OK캐시백을 통해 간접적으로 진행된다. 9:56 AM Jul 26th via TwitBird in reply to kejeras

RT @kejeras 남양XO분유에 OK캐시백 도입하며 참고했던 YK社 자체 마일리지 프로그램 운영담당자 말 : "자체 마일리지 비용이 많이 들어 그만하고 싶어도 이미 마일리지 보유고객의 원성과 불만이 높아 이러지도 저러지도 못합니다." 9:57 AM Jul 26th via TwitBird in reply to kejeras

10. Socrates & CRM Q53 : 대부분의 기업들은 자사 고객이 거래를 줄이거나 끊어도 그 이유를 모르고(원래 '떠날 때는 말없이'? ^^), 그러다 보니 무엇이 문제인지 개선하기가 쉽지 않다. 고객의 이탈원인을 잘 파악할 수 있는 방안은? 5:39 PM Jul 29th via TwitBird

Good! ^^ RT @coreabhe '신문고'와 같은 피드백함을 두고 건설적인 피드백 시 상응하는 인센티브를 주면 고객이탈 이전에 파악할 수 있지 않을까요. 6:53 PM Jul 29th via TwitBird in reply to coreabhe

Excellent! RT @kiwonbae 1) 비용 대비 효과 감안, 주기적으로 전환고객(자사→타사) 전화인터뷰. 2) NPS 등 서비스만족 저평가 응답자 FGI. 3) Key Failure Factors 맵 관리 및 Front-end 직원 주기적 피드백. 10:04 PM Jul 29th via TwitBird in reply to kiwonbae

매우 훌륭한 제도입니다! ^^ RT @LeapOfChange CJ오쇼핑은 '골치 아픈' 불만고객을 다독여 '현고이사'란 이름의 자문단을 운영합니다. 현고이사란 '현명한 고객이 회사를 움직인다'는 뜻입니다. 10:06 PM Jul 29th via TwitBird in reply to LeapOfChange

Good! ^^ RT @GeorgeShin 사전에 불만을 제시해주는 고객군에 대해서는 VOC 관리를 통해 귀중한 마켓 인사이트를 캐치해야 하며, 사전 얼럿(alert)도 없이 떠나는 고객군이라 하더라도, 데이터마이닝 등으로 고객행태를 분석해 산업별 공통 패턴 파악. 10:41 AM Jul 30th via TwitBird in reply to GeorgeShin

CRM issue

김 과장은 누구에게 사은품을 보내야 할까?

　2장에서 CRM의 금과옥조는 '선택과 집중'이라고 밝힌 바 있다. 또 가장 먼저 선택하고 집중해야 할 고객은 자사의 '핵심고객'임을 강조했다. 핵심고객을 다시 정의해보면, '지속적 수익기여', '적극적 관계유지', '자발적 친(親)기업 활동' 등을 통해 높은 기업가치를 창출해주는 고객을 말한다.

　꾸준히 수익을 창출해주는 고객이 핵심고객임은 누구나 알 터다. 그렇다면 '적극적 관계유지'란 구체적으로 무엇을 뜻할까? 이는 기업의 제품을 구매하는 '소극적 거래관계'를 넘어 제품/서비스 개선을 위해 적극적으로 자신의 의견을 개진하고, 열린 혁신을 통해 신제품 개발에까지 동참할 정도의 열정을 가진 파트너십을 의미한다. 온라인게임 산업의 경우, 완제품 출시 전에 수만 명의 유저들을 대상으로 베타테스트를 거친다. 그들의 열정적 참여 및 기여가 성공적 제품 출시의 필수조건이 된 지는 이미 오래다.

　그렇다면 '친기업 활동'이란? 이는 자사의 제품 및 서비스에 대한 긍정적 입소문, 신규고객 추천, 기업 위기 시 수호천사 역할 등을 포괄한다. 실제로 조류독감 파동 때 닭고기 구매 운동이 일어나거나, 정부의 언론사 탄압이 있을 때 독자·시청자들이 후원광고를 게재하는 경우를 볼 수 있다. 모두 고객이 기업의 수호천사 역할을 자임한 사례들이다.

CRM을 제대로 해보고자 하는 기업들이 가장 먼저 수행해야 할 과제는 바로 이렇게 활동해줄 핵심고객을 정의하고 파악하는 일이다. 이 일은 매출 기준으로 고객들을 줄 세워 상위 몇 퍼센트를 VIP고객으로 지정하는 기존의 방식과는 난이도 면에서 상당한 차이가 있다. 고객들의 '적극적 관계유지'나 '자발적 친기업 활동'에 대한 정보는 별도의 준비와 노력 없이는 쉽게 얻을 수 없기 때문이다.

이해를 돕기 위해 한 이동통신사의 핵심고객 선정 사례를 보도록 하자.

추석 때 사은품을 보낼 핵심고객을 분류하던 김 과장은 고민에 빠졌다. 가입기간이 6년이고 월 ARPU(가입자당 평균 매출)가 3만 5,000원인 고객A와, 월 ARPU는 20만 원이 넘는데 가입기간이 6개월밖에 되지 않은 고객B 중 한 명을 선택해야 하는데 선뜻 결정을 내리기가 쉽지 않은 것이다. 당신 같으면 고객A와 고객B 중 누구에게 사은품을 보낼 것인가?

'오래된 친구가 좋은 친구'이니 충성도가 더 높을 것 같은 고객A일까? 아니면 가입기간은 짧지만 수익 기여도가 훨씬 높을 것 같은 고객B인가? 이 질문을 지난 10여 년간 KAIST의 CRM 수업시간이나 최고경영자과정 강의에서 던져보면 항상 답은 두 그룹으로 나뉜다. 그만큼 정답을 맞히기 어려운 질문이다.

김 과장의 선택을 돕기 위해 고객A, B에 대한 추가 정보를 하나만 더 보기로 하자. 두 고객의 고객등록 카드를 꺼내보니 고객A는 1985년생으로 이제 곧 사회생활을 시작할 새내기다. 고객B는 1929년생으로 재작년에 팔순을 맞은 분이다. 자, 김 과장은 사은품을 누구에게 보내야 할까? 당신이라면 누구에게 보내겠는가?
이번에는 비교적 쉽게 답을 맞혔을 것이다. 내 수업 수강생들에게 같은 질문을 다시 던져보면 이번에는 모두 압도적으로 고객A를 추천한다.

여기서 주목할 점은 누가 사은품을 받게 되었나가 아니다. 겨우 연령 정보 하나만 더 추가했는데 거의 모든 사람이 자신의 의사결정 기준을 바꿨다는 사실이다. 첫 의사결정 때는 가입기간 및 월 ARPU라는 '과거' 데이터만 가지고 판단했는데, 연령이라는 '현재' 정보를 하나 추가하자 순식간에 '라이프타임 예상 기여가치'라는 '미래' 정보를 중요한 의사결정 변수로 포함시

컸다. 누군가 가르쳐주지 않아도 거의 모든 사람들이 '고객의 가치를 평가할 때는 과거 실적만이 아닌 미래의 예상 기여까지 포함해 종합적으로 판단하는 것이 타당하다'고 믿고 있다는 것이다.

그렇다면 이건 상식 차원의 진리라고 볼 수 있지 않을까. 그런데 문제는 현실이다. 과연 우리 기업들도 자사 고객들의 가치를 이렇게 종합적(과거+미래)으로 평가하고 있을까? 대답은 대부분의 경우 '아니오'다. 이유는 그렇게 분석하는 것이 더 어렵기 때문이다. 그런데 만일 같은 기업의 재무팀에서 회사의 여유자금을 다른 회사 주식에 투자할 경우는 어떨까? 분석하기 어렵다는 이유만으로 투자대상 회사의 미래 전망이나 예상 실적은 무시하고 과거 실적자료만 참고할까?

정리해보자. 핵심고객을 제대로 파악하기 위해서는 눈에 보이는 매출자료만이 아니라 대상 고객이 자사와의 관계 유지나 친기업 활동 등에 쏟아 붓는 보이지 않는 기여까지도 파악할 수 있어야 한다. 또한 고객 DB 안에 있는 과거 자료만이 아니라 이런 과거 자료를 바탕으로 자사 고객들의 미래 수익 기여도를 추정하여 핵심고객의 선정·관리와 같은 주요 CRM 업무를 보다 합리적으로 수행해야 할 것이다.

과연 실천 가능할 것인가?

지금 이 강좌를 예로 들어보자. 강좌에 참여하는 사람들은 내 입장에서는 '고객'이다. 나의 고객은 내가 트위터에 올린 질문에 답변을 한다. 그들 중에서도 핵심고객은 좋은 답변을 계속 올리고(지속적 지식 기여), 강좌 운영에 대한 제안을 하고 오프라인 특강에도 참여하며(적극적 관계유지), 자신의 팔로워들에게 강좌의 내용을 자발적으로 RT(친 강좌·강사 활동)하는 수강생들이다.

3개월간 진행될 이 강좌를 마칠 때, 나는 위의 기준을 통과한 모든 핵심고객들을 나의 주말농장으로 초청해 바비큐 파티를 열고 그간의 성원과 기여에 보답할 계획이다. 대학교수도 하는데, 실전 용사들로 가득한 기업들이 못 할 것은 또 무엇인가?

(원문 : "이동통신 회사는 누구에게 사은품 보내야 할까", 조선일보 Weekly Biz, 2010년 8월 21일자.)

Customer Expansion

고객강화 :
'만족'을 '충성'으로 진화시켜라

Customer Expansion

---

1. Socrates & CRM Q43 : 대형마트 일 거래고객 100만 명 중 우유구매 고객 10만 명, 시리얼 구매고객 5만 명, 우유+시리얼 구매고객 2만 명이다. 우유를 구매한 고객이 시리얼을 구매할 확률은?
5:03 PM Jul 20th via TwitBird

Excellent! ^^ RT @blueempathy 조건부 확률? P(시리얼|우유)=P(시리얼∩우유)/P(우유) ∴ P(시리얼|우유)=0.02/0.1=0.2 sol) 20% ; 참고로 P(우유|시리얼)=0.4이므로 시리얼 구매고객에게 우유 쿠폰을 보내면 cross-selling ↑ 6:16 PM Jul 20th, 2010 via 립트윗

Excellent! ^^ RT @lkwiseok 우유고객의 시리얼 구매확률은 20%(2/10)입니다. ^^ 마트 입장에서 우유+시리얼 구매확률은

2%(2/100) 중요도를 가지며, 마트 전 고객에게 시리얼 권유보다 우유고객에게 시리얼 권유함이 4배((2/10)/(5/100)) 효과 예상합니다. 6:39 PM Jul 20th, 2010 via twtkr

CRM Q43 정답 : P(우유+시리얼)/P(우유)=0.2 정답 맞히신 LuxferreJ, Joonho_Chae, sensek, CJDREAM, bluempathy, lkwiseok님 축하드립니다. 대단한 내공들이십니다! ^^ 10:17 PM Jul 20th via TwitBird

2. Socrates & CRM Q47 : Q43의 답에서처럼 우유와 시리얼 간 구매연관성이 높다는 것을 발견한 뒤 마트에서 취할 수 있는 cross-selling 전략은? 9:59 AM Jul 26th via TwitBird

^^ RT @hwhan 1) 인접한 위치에 배치. 2) 우유+시리얼 패킹상품. 아… 공부가 짧아 더 이상 생각이 안 나요… ㅠ.ㅠ 11:42 AM Jul 26th via TwitBird in reply to hwhan

Good! RT @jinhyun 우유와 시리얼 연관성 : 같은 공간에 전시하고(월마트, 기저귀와 맥주), 동시 구매 시 추가 금액할인 또는 반복구매 시 추가 할인하는 쿠폰 제공. 11:43 AM Jul 26th via TwitBird in reply to jinhyun

Good! ^^ RT @CJDREAM 편의점에 하는 가장 쉬운 전략. 두 개를 같이 사면 할인하는 거죠. 저지방우유+다이어트 시리얼=가격할인, 줄넘기나 만보기 증점품 증정. 일반시리얼+우유=할인. 어린이 시리얼+우유=장난감 증정. 11:45 AM Jul 26th via TwitBird in reply to CJDREAM

Excellent! RT @bluempathy 1) 결합 구매 시 혜택 알림(상품에 쿠폰 붙임). 2) 맞춤 쿠폰북 발송. 3) 결합상품을 판매하는 매대 운영(bowl, 스푼, 칼로리북 증정). 4) 매대의 동선 연결 or 계산대 근처에 시리얼을 추가 진열. 11:47 AM Jul 26th via TwitBird in reply to bluempathy

Good idea! ^^ RT @Zzuuuuuuu Q47. 고객의 소비행태를 분석, 시리얼 구매고객에게 시리얼 별 맞춤형 우유를 끼워 판다. ex) 스페셜K+저지방우유(몸매관리용)/ 콘푸로스트+고영양 우유(어린이 성장용) 등. 11:48 AM Jul 26th via TwitBird in reply to Zzuuuuuuu

^^ RT @youngduck2052 A47 : 시리얼과 우유를 산 고객(3만 명)을 분석해보니 시리얼을 산 고객이 우유를 살 가능성이 3배 이상 높았으며, 의외로 고객들은 두부, 야채, 바나나, 캡슐란, 발효유, 토마토 등 건강식품을 매우 선호합니다. 5:43 PM Jul 27th, 2010 via twtkr

3. Socrates & CRM Q58 : 멀티플렉스 극장에서 데이터마이닝을 통해 〈레옹〉과 〈올드보이〉를 모두 관람한 고객리스트를 추출했다. 자, 이 고객들에게 추천할 경우 관람확률이 50%가 넘을 것 같은 최근 개봉영화는? 2:21 PM Aug 5th via web

Very good! ^^ **RT @Coolluck2U** 장르를 기준으로 한 취향도 분석으로 추천. 1) 〈레옹〉 장르 : 범죄, 액션, 드라마. 2) 〈올드보이〉 장르 : 스릴러, 액션, 드라마 → 〈아저씨〉 장르 : 액션 드라마. 6:22 PM Aug 5th via web

4. Socrates & CRM Q59 : Q58의 정답은 〈아저씨〉. 50% 이상의 hit rate가 믿어지지 않으면 그냥 〈아저씨〉를 보시길! ^^ 문제는 국내 어느 극장이나 영화예매 사이트도 Q58 같은 targeted 관람유도를 하지 못한다는 점이다. 이유는? 6:23 PM Aug 5th via TwitBird

Good! **RT @Coolluck2U** 1) CGV사이트는 개인 장르분석 제공하나 추천기능 부재. 2) 미래추천 위한 협업필터링 기능 부재. 3) 장르와 만족도 간 상관관계 추천기능 부재. 4) 가족/친구 대표ID로 예매 시 장르 분석 어려움 → 분석 시스템/의지 부족. 7:25 PM Aug 5th via web

꼭 영화가 오래되어서가 아니라 관람객 데이터 분석 및 활용을 아직 잘 못하고 있는 탓이겠지요. 의지도 약하고요. 7:29 PM Aug 5th via web in reply to fromnow9 〈레옹〉의 경우 개봉시기가 좀 돼서 현장판매가 대부분일 때라 고객별 데이터가 전무할 것 같군요. 〈올드보이〉의 경우라도 관람한 사람들이 다 온라인으로 구매하진 않았을 테니 제한적인 데이터만 있을 테고요. ^^

Yes! 고객정보는 있어도 본인 일이란 생각은 No? RT @GeorgeShin 극장 : 그냥 돈 받고 표 팔고 팝콘 팔죠, 영화홍보는 예매 사이트에 맡겨버리죠. 예매 사이트 : 아무 표나 팔면 되지, 〈아저씨〉 제작자만큼 특정영화를 프로모트할 동기가 없죠. 8:18 AM Aug 6th via web

글쎄요. 보통은 배우, 감독 기준 타기팅 많이 하는데 〈아저씨〉처럼 배우가 기존 이미지와 전혀 다른 배역일 때는 잘 모르겠네요. ^^ 8:21 AM Aug 6th via web in reply to cory1026 빗나간 이야기인지 모르겠으나 장르를 기준으로 추출하지 말고 원빈, 혹은 감독을 기준으로 타기팅했으면 관람률이 높았을 것 같습니다.

지적해주신 제품 중심의 개봉직전 융단폭격식 광고/이벤트 프로모션이 지난 50년간의 영화계 관행이지요. 그 방식이 인터넷예매 및 극장회원제로 고객의 취향이나 관람행태 상세분석 가능하고 인터넷

/모바일채널 가용한 현재에도 최선일까요? 11:31 AM Aug 6th via web in reply to solipkim 영화는 유통 프로모션보다는 그 제품 자체 프로덕트 홍보가 많이 되는 제품. 영화 유통채널(극장 및 온라인 예매 사이트)에서 고객관리를 해서 얻어지는 것보다 at time 시점에서 러닝중인 영화를 보다 많이 홍보해서 대량 신규고객 창출이 보다 중요.

Agree! ^^ RT @solipkim 영화는 at time 비교대상이 많지 않고 고객들의 1회 관람이 중요하므로 채널 입장에선 단골고객이라도 제품 입장에선 늘 신규고객임. 비교대상이 많은 비디오, VOD 서비스는 고객관리가 보다 중요(유통 중심). 11:31 AM Aug 6th via web

5. Socrates & CRM Q61 : 여름 액션대작을 홍보하기 위해 고객 타기팅 중이다. 가장 최근에 어떤 장르의 영화를 본 관객들을 대상으로 하면 좋을지 순위를 정해보시오. A) 휴먼드라마. B) 코믹. C) 멜로. D) 액션. E) 스릴러. 10:09 AM Aug 9th via web

Makes sense! ^^ RT @hstneo C멜로, 이미 멜로영화를 봤으므로 1) 다른 장르의 영화를 찾고 있으며, 2) 남자친구가 억지로 멜로 봤을 경우 자연스럽게 동반 2인이 동시에 액션영화를 볼 가능성이 큼. ㅋ 1:37 PM Aug 9th via web

장르 순서 중 두 개 맞히셨습니다. 다른 도전자분? ^^ **RT @George Shin** D(액션)—E(스릴러)—B(코믹)—C(멜로)—A(휴먼드라마) 대상순서로 여름액션을 홍보해야 하지 않을까요? 볼 만한 사람에게 홍보하는 게 CRM 마케팅의 기본 아닐까요? 2:51 PM Aug 9th via web

날카로운 추론! 4/5 right! ^^ **RT @seouljin** 계절특성 : 여름→스릴러, 장르특성 : 액션→액션, 취향 : 대중적→휴먼드라마. 액션은 이미 관람했으니 세 번째로 넣고, 멜로보다는 코믹이 여름철에 적합한 장르. 그래서 : E〉A〉D〉B〉C 3:13 PM Aug 9th via web

Q61정답 : E(스릴러)〉A(휴먼)B(코믹)〉C(멜로)〉D(액션). 지금까지 영화계 사람 중 정답 맞힌 분이 한 명도 없답니다. 그래서 직관이나 경험만이 아닌 분석 CRM도 필요한 것이지요. ^^ (저희 연구실에서 관람자료 800만 건 분석한 결론이랍니다.) 6:45 PM Aug 9th via web

---

6. Socrates & CRM Q75 : cross-selling(고객에게 기존구매 제품 외 자사제품 추가소개/구매유도)을 세계에서 가장 잘하는 기업은 Amazon.com일 것이다. 아마존의 성공 비결은? 10:34 AM Aug 20th via TwitBird

RT @GeorgeShin 아마존과 비슷한 리브로나 예스24의 사례는 같은 책을 구매한 다른 사람들이 산 책 소개, 로열티 프로그램, 정기 및 이벤트 쿠폰, 등록 관심분야 및 구매이력에 따른 관심분야 분석, 좋은 것은 아마도 이런 게 시스템화되어 있는 듯합니다. 2:11 PM Aug 20th via TwitBird in reply to GeorgeShin

Good! ^^ RT @esbluestory 고객 니즈 파악! 아마존닷컴의 소비 성향 분석기법은 정교함의 극치를 달린다는 글을 본 적이 있습니다. 고객이 원하는 제품을 미리 파악하여 고객의 시간을 절약해주며 추천하니 어찌 의심하고 구매를 꺼리겠습니까? 2:36 PM Aug 20th via TwitBird in reply to esbluestory

아마존 Remembers(app)에서는 길에서 본 물건 사진을 찍어 올리기만 해도 매칭/유사 제품 추천. RT @CJDREAM 아마존의 장점은 기억하고 분류하고 보여준다는 개념인 듯. 구매한 물품뿐 아니라 검색한 것도 다 저장해서 성향분석을 잘하더군요. 2:44 PM Aug 20th via TwitBird in reply to CJDREAM

CRM Q75 코멘트 : 아마존, Netflix 같은 기업들은 고객들의 구매내역 또는 쇼핑카트에 담은 상품정보를 기반으로 타 상품을 추천하는 시스템을 운영 중인데, 추천정확도가 매우 높아서 Netflix의 경

우 전체 영화렌털 수입의 60% 이상이 추천기반임. 5:02 PM Aug 20th via TwitBird

Very good! RT @LuxferreJ 고객이 원하는 상품의 제시, 물건구매 시 해당 물건이 포함된 세트, 또는 다른 구매자들이 같이 구매한 상품 안내, 고객이 구매한 카테고리를 분석해서 해당 카테고리의 신상품만 메일로 안내함(메일을 열어보지 않을 수 없음). 5:22 PM Aug 20th via TwitBird in reply to LuxferreJ

3. CRM Q75 코멘트2 : 아마존닷컴의 추천시스템은 heuristic collaborative filtering 기반 → 특정제품에 대한 사용자들의 평가 결과를 분석하여 제품 A, B가 충분히 유사하다고 판단되면 A 구매 고객에게 B, B 구매고객에게 A를 추천. 9:49 PM Aug 20th via TwitBird

7. Socrates & CRM Q76 : upselling(기존구매 제품보다 더 고가의 제품 구매유도) 전략을 잘 구사하는 업종은 항공산업이다. 대한항공이 평소 이코노미만 타던 고객들을 비즈니스클래스로 migrate(회사 입장에서는 upsell)시키는 전략은? 5:23 PM Aug 20th via TwitBird

Good! ^^ RT @Chaseseok 마일리지로 upper class 이용 시 문턱

낮춤, 연착 등 문제발생시 무료 업그레이드, 이를 통해 만족할 만한 체험 제공(안락한 좌석, 차별화된 식단, 탑승수속 시 우선권 부여), 고객만족 시 재구매 가능성 증가. 9:33 PM Aug 20th via TwitBird in reply to Chaseseok

RT @duhos 기업고객 대상으로 업무 성공을 위한 여러 가지 혜택을 제공. 또한 혜택을 제공하는 것 외에도, 비즈니스클래스를 타는 사람들에게 한층 더 높은 차별화된 의전과 서비스를 제공하여 과시적 욕구를 만족시킬 수 있도록 CS 동선을 설계. 12:59 PM Aug 21st via TwitBird in reply to duhos

Good! RT @bluempathy 항공산업의 여객부문은 비즈니스와 퍼스트클래스 탑승 고객이 없다면 기본적으로 적자. 관건은 차별화된 서비스의 체험 유도. 마일리지/제휴 업그레이드와 동승자/만석 시와 같은 이벤트성 무료 업그레이드. 2:40 PM Aug 22nd via TwitBird in reply to bluempathy

8. Socrates & CRM Q77 : 기업들이 자사 고객들의 '적극적 관계유지(정보/지식공유)'나 '친기업 활동(WOM, 추천 등)'을 파악하고, 지원하고, 또 강화할 수 있는 방안은? 9:28 AM Aug 23rd via TwitBird

RT @arim1004 세종문화회관에서는 SCP(Sejong citizen partnership) 라는 이름으로 공연 헤비유저 40명으로 이뤄진 그룹을 운영 중입니다. 공연을 엄청 보고 블로그에 리뷰 열심히 올리고 동호회 활동을 열심히 하는 분들이죠. 4:23 PM Aug 23rd via TwitBird in reply to arim1004

Great! ^^ RT @arim1004 공연은 특히 입소문이 중요하기 때문에 이분들에 대한 관리를 세심하게 하고 있어요. 이 제도가 정착되면 다른 공연장들도 다들 벤치마킹하지 않을까 생각합니다. ^^ YTN 뉴스에서도 소개된 적이 있답니다. 4:26 PM Aug 23rd via TwitBird in reply to arim1004

^^ RT @arim1004 공연에 대한 사후평가도 하지만 향후 세종에서 보고 싶은 공연에 대한 제안을 받기도 하고 창작뮤지컬 시놉시스와 음악에 대한 평가, 제목을 정하기도 합니다. 정기모임이나 공연초대 등에 적극적으로 참가하시는 분들은 20명 안팎입니다. 4:31 PM Aug 23rd via TwitBird in reply to arim1004

Good! ^^ RT @Coolluck2U 'Q77' 1) 파악 : 제안, soft claim, 추천(RT) 활동 적극 참여자 NPS 이용 segment. 2) 지원/강화 : cafe/SNS 통한 인터랙션, 신제품 발송 후 피드백, 핵심고객 그룹관리. 4:38 PM Aug 23rd via TwitBird in reply to Coolluck2U

9. Socrates & CRM Q6 : 럭셔리 수입차 고객들을 조사해보니 고객만족도 90%, 재구매 의향 80%인데 NPS(순추천지수→충성도)가 -14%로 나왔다. 어찌된 일일까요? 필요 action은? 2:51 PM Jun 8th via TwitBird iPhone

과연 그럴까요? ^^ **RT @LeapOfChange** 남과 같아지는 걸 싫어하는 것 아닐까요? 8:03 PM Jun 8th via TwitBird iPhone in reply to LeapOfChange

CRM Q6 문제는 좀 어려웠던 것 같군요. 포인트는 만족한 고객과 추천까지 적극적으로 하는 충성된 핵심고객 사이엔 하늘과 땅만큼의 차이가 있다는 점이었습니다. ^^ 8:09 AM Jun 9th via TwitBird iPhone

회사에 부족한 2%를 채워 '충성고객'을 만들어라

"럭셔리 수입차 고객들을 조사해보니 고객만족도 90%, 재구매 의향 80%인데 NPS가 -14%로 나왔다. 어찌 된 일일까요? 필요 action은?"

나의 트위터 CRM 강의 중에서 매우 드물게 제대로 된 답변이 하나도 날아오지 않은 질문이다. 지금부터 나와 함께 이 질문의 답을 차근차근 찾아보자.

위의 질문을 이해하려면 먼저 NPS가 어떤 지표인지를 알아야 한다. 세계적 컨설팅사인 베인앤컴퍼니에서 개발한 고객충성도 지표인 NPS는 기존의 고객만족도 조사만으로는 자사 고객의 충성도를 정확히 측정할 수 없다는 문제의식에서 출발했다. 대부분의 고객만족도 조사결과가 그 기업의 향후 시장점유율이나 수익성을 예측하는 데 별다른 기여를 하지 못한다는 점도 일조했다. 실제로 고객만족대상을 받았다고 자랑하는 기업들 중에 기업 성과나 경쟁력은 별 볼일 없는 기업들을 자주 발견하곤 한다.

NPS의 측정방식은 매우 간단하다. 먼저 고객들에게 "○○회사(또는 브랜드)를 당신의 친구나 주변 사람들에게 추천하시겠습니까?"라고 묻는다. 그리고 전체 고객 중 10점 척도에서 9~10을 선택한 고객(추천고객)의 비율에서 0~6을 선택한 고객(비추천고객)의 비율을 빼면 NPS 수치가 나온다. 다른 분석툴에 비해 매우 단순하지 않은가?

측정이 간편한 이 방법은 심지어(?) 정확성도 뛰어나다. GE의 제프리 이멜트 회장은 GE 헬스케어사업부가 NPS를 이용해 고객충성도를 측정해 활용한 성과를 보고받은 뒤 "지금까지 본 고객지표 중 최고다. 당장 전사적으로 사용하라."라고 지시했다. 그래서 GE는 2005년부터 NPS를 모든 사업부서의 핵심 경영관리지표로 활용하고 있다.

베인앤컴퍼니에 따르면 미국 기업들의 평균 NPS는 5~10%인 반면 애플이나 델 컴퓨터, 이베이, 코스트코, 사우스웨스트항공사 등 지난 10여 년간 놀라운 성장을 구가한 기업들은 한결같이 50% 안팎의 NPS를 기록하고 있다. 세계 최고의 충성고객들을 보유한 것으로 알려진 대형 오토바이 제작사 할리 데이비슨은 NPS가 무려 80%에 육박한다고 한다.

국내에서도 삼성화재, 제일모직, 매일유업 등 여러 분야 기업들이 NPS를 도입해 한 단계 업그레이드된 CRM 지표로 활용하고 있다. 하지만 많은 국내 기업들의 NPS가 10% 이하 또는 마이너스를 기록하고 있는 실정이다.

여기서 다시 예로 든 수입차 회사의 사례로 돌아가보자. 재구매 의향이 80%가 넘는데도 NPS가 마이너스로 나온 이 회사 고객들의 실제 설문 응답 데이터를 KAIST 경영대학 연구팀이 분석해봤다. 그랬더니 추천(9~10)도 비추천(0~6)도 아닌 중립 성향(7~8)으로 응답한 고객들이 매우 많았다.

즉 전반적으로는 대부분의 고객들이 현재 타고 있는 이 회사 브랜드의 차량(제품)이나 서비스에 큰 불만 없이 만족하고 있었으며, 향후에도 같은 회사 같은 브랜드의 차를 구입할 의향이 있었다. 다만, 그들에게는 이 회사의 홍보대사가 되어 동네방네 다니며 자기가 타는 차의 브랜드를 적극적으로 알리겠다는 의지가 '2%' 부족한 상태였다. 그렇다면 어떻게 해야 이 회사 고객들의 부족한 2%를 채워 '만족하는 고객'에서 '충성스러운 고객'으로 바꿀 수 있을 것인가?

이 회사의 경우 자사 차량의 성능이나 디자인, 가격, 서비스 등에는 별다른 문제가 없었다. 이에 대해서는 고객들도 대체로 만족하고 있으므로 '충성고객 만들기'는 고객과 회사 간의 '관계강화' 노력에서부터 시작해볼 수 있겠다. 기술적인 면 이외의 것에서 감동을 주어야 한다는 것이다.

'어려울 때 친구가 진정한 친구다'라는 말이 있듯이, 고객들은 자신에게 발생한 예상치 못한 문제들을 누군가가 신속히 해결해줄 때 감동을 받는다. 그런 속 깊은 친구처럼, 자동차 회사가 고객의 곤란함을 그 자리에서 신속히 해결해준다면 어떨까? 예컨대 '차량 고장' 같은 상황에서 말이다. 자동차 고객들은 차를 구입할 때는 '왕 대접을 받는 갑(甲)'이지만, 사고나 고장으로 서비스센터를 찾을 때는 '수리비를 걱정하는 을(乙)'로 변하기 마련이다. '이 수입차 회사의 서비스센터에 혹시 수리비에만 눈독 들이는 직원이 있는 것은 아닐까?' 자신을 왕처럼 떠받들던 영업사원을 대하다가 뻣뻣한 자세의 정비요원을 맞닥뜨리게 된다면, 그렇지 않아도 바가지 쓰지 않을까 걱정하는 고객의 마음은 더욱 위축될 수밖에 없다.

여기까지 생각이 미쳤다면, NPS를 올리기 위한 이 회사의 전략은 자명해 보인다. 업계 최초로 영업사원과 정비요원이 함께 상담해주는 '협진 서비스'를 제공한다면 들어올 때의 '보통 고객'은 서비스센터를 나서기가 무섭게 '2%'가 차고 넘치는 '구전(word of mouth) 고객'으로 바뀌어 있을 것이다.

정리해보자. NPS를 개발한 베인앤컴퍼니의 프레드 라이켈트는 고객들이 자신의 거래 기업 제품을 적극적으로 추천하기 위해서는 두 가지 전제조건이 만족되어야 한다고 말한다.

첫째, 추천 대상 제품이 가격·성능·품질 등에서 경쟁사 제품보다 탁월하다고 믿어야 한다.

둘째, 고객 스스로 자신이 회사와 맺고 있는 관계에 대해 긍정적인 감정을 가지고 있어야 한다.

다시 말해 이성과 감성이 모두 충족되었을 때 비로소 고객들은 적극적으로 그 회사를 추천하게 된다는 것이다.

만약 당신의 회사가 훌륭한 제품과 서비스를 고객들에게 제공하고 있고, 고객들의 만족도 또한 높게 나오고 있는데도 매출이 정체돼 있거나 고객들이 경쟁사로 옮겨가고 있다면 한번 고민해보기 바란다. '고객의 입장에서 우리 회사에 부족한 2%의 감성은 무엇일까?'라고 말이다.

(원문 : "회사에 부족한 2% 채워 '충성고객'을 만들어라", 조선일보 Weekly Biz, 2010년 6월 19일자.)

그런데 왜 초고가 오토바이인 할리 데이비슨 고객들은 NPS가 80%나 될까요? 8:28 PM Jun 19th via TwitBird iPhone in reply to radbaek 저는 경영에 관심이 많은 의사인데 제 얘기가 정확한지 잘 모르겠지만 제 느낌은 그러하네요. 그래서 제일 중요한 경영전략으로 넘어가면 이 구매자들은 충성스러운 고객입니다. 다만 자기가 구매한 제품을 자

기만 소유하고 싶은 거죠.

감사합니다. ^^ RT @fuga1080 교수님 칼럼으로 중요한 개념을 하나 배워서 찌뿌듯하던 토요일이 상쾌하게 반전됐습니다. ^^ NPS라 하시니 바로 Apple 생각이 나서 잠시 구글링해보니 79%라는 수치가 나오네요. 8:36 PM Jun 19th via TwitBird iPhone in reply to fuga1080

감사합니다. ^^ RT @Mansunje 교수님 지상 강의 잘 들었습니다. case에 해당하는 업계 종사자로서 '협진 서비스'에 대해 전적으로 동의하며, NPS 개선에 대한 '공'은 이제 현장으로 넘어왔으니 실천해보겠습니다. 4:48 PM Jun 20th via TwitBird iPhone in reply to Mansunje

반갑습니다! ^^ RT @BJ_Park 저는 도요타 자동차에서 홍보를 하고 있는 박 과장이라고 합니다. 주말에 교수님 글을 읽고, 마치 아무리 가려워서 긁고 싶어도 긁을 수 없었던 뒷등을 시원하게 긁어주신 것 같은 감명을 받았습니다. ^^ 5:20 PM Jun 21st via TwitBird iPhone in reply to BJ_Park

럭셔리 수입차라도 살 때는 차를 보고 사지만, 구매 후 브랜드 충성도는 AS 포함 다양한 서비스 MOT(Moment of Truth)를 통해 형성되는 것 같습니다. ^^ 5:27 PM Jun 21st via TwitBird iPhone in reply to MiniJuliet

Chapter 6 Customer Expansion

B2C
Case Study

B2C CRM 사례연구

 B2C Case Study

1. Socrates & CRM Q40 : 국내 굴지의 종합병원에서 고객들이 느끼는 가치를 측정하고자 한다. 평가지표로 쓰일 대표적 가치속성(항목) 5개와 이들 속성 각각의 중요도(weight in %)를 제시해보시오(단, 가격이나 비용은 제외). 7:21 PM Jul 16th via TwitBird

RT @jihozzang 진단의 정확도(40%), 성과(환자 완치율, 합병증에 따른 재입원율, 입원환자 사망률 등 30%), 고객만족도(15%), 기업윤리(청렴도 등 10%), 병원시설 설비(5%)… 그런데… 진단의 정확도를 평가하는 것이 정말 난항이겠네여… ^^ 11:27 PM Jul 16th via TwitBird in reply to jihozzang

Good! ^^ RT @CJDREAM 의료진 실력(명망) 35%, 시설&장비

25%, 대기시간 15%, 위치 10%, 친절(서비스) 15%, 잘 모르겠네요. ^^ ; 11:28 PM Jul 16th via TwitBird in reply to CJDREAM

A little too detailed level? ^^ RT @seouljin 방문 전/후로 50%씩 배분. 전 : 예약편의성(20), 상담만족도(15), 접근편의성(15) / 후 : 진료대기시간·진료 만족도(35), 사후관리(15). 근거 없이 경험에 의한 것이라. ^^ 11:31 PM Jul 16th via TwitBird in reply to seouljin

Good! ^^ RT @coreabhe 예약시스템의 편의성(15), 병원의 접근성 및 시설(20), 진료 대기시간(15), 직원의 유능성 및 친절에 대한 만족도(35), 사후 상담 및 관리(15). 11:45 PM Jul 16th via TwitBird in reply to coreabhe

Very good! ^^ RT @sensek Q40 : 1-1. 예약시스템 및 대기시간- 외래(30) 1-2. 쾌적한 시설 및 환경- 입원(30) 2. 서비스- 쉬운 설명, 의료진과 환자 간 친밀도(25) 3. 의료진 역량(20) 4. 의사 1인당 환자수(15) 5. 사후관리(10) ^^ ; ; ; 1:48 PM Jul 17th via TwitBird in reply to sensek

CRM Q40 의료전문가들 관점 : 1)진료의 질- 40% 2) 브랜드 이미지- 20% 3) 의료 및 부대시설- 15% 4) 서비스 품질(친절도, 신속성 등) - 15% 5) 접근성 - 10% 입니다. 일반 고객들과 우선순위 차이가 좀 나지요? ^^ 2:08 PM Jul 17th via TwitBird

---

2. Socrates & CRM Q41 : 종합병원 전체 응급실 방문환자 중 소아환자가 25~30%나 이들 중 대부분(85%)은 입원이 필요한 중환자가 아니다 보니 성인환자에 밀려 너무 오래 대기하거나 일부는 접수 취소하고 한밤중에 돌아가기도 한다. 개선방안은? 2:25 PM Jul 17th via TwitBird

---

Good! ^^ **RT @bluempathy** 질문과 같이 소아환자가 처치보다는 투약이 필요한 경우가 많다면… 진료기록과 핫라인을 통한 홈너싱 지원 후, 정규 진료시간 내원을 유도한다. 전담의사는 고정비용 부담이 크므로 시스템 구축에 초기 비용 투입. 5:23 PM Jul 17th via TwitBird in reply to bluempathy

RT @yongjjang 소아환자를 위한 소아담당 의사를 배치하거나 소아병동을 별도로 운영합니다. 또한 소아 응급조치 등을 위한 책자나 안내서(담당의사 전화 포함)도 배포하면 좋을 듯합니다. 6:34 PM Jul 17th via TwitBird in reply to yongjjang

^^ RT @Creative_Jin 특정 시간을 소아진료 우대시간으로 하면 어떨까요? 고객은 혜택 받고 병원의 효율성은 올라갈 것 같습니다~ ^^
6:35 PM Jul 17th via TwitBird in reply to Creative_Jin

Very good! ^^ RT @lkwiseok 소아응급실을 별도로 구분하고 개별접수, 진료를 하고 있는 병원이 있는데 가장 바람직할 것 같습니다. 또 응급실 트위터 계정을 만들어 대기시간, 응급처치를 안내하면… ^^ 10:39 PM Jul 17th via TwitBird in reply to lkwiseok

RT @96chany 맥도날드 맥카페의 경우, 기존 매장의 구석 공간을 이용하여 주요 이용 시간대 커피와 아이스크림 등의 디저트류만을 빠르게 take out할 수 있게 계산대를 따로 두어 고객의 대기시간을 효율적으로 줄인 걸로 알고 있습니다. 8:16 AM Jul 18th via TwitBird

RT @96chany 종합병원의 응급실도 소아환자들을 바로 치료할 수 있는 접수대를 특정 시간에만 운영하는 방법은 비용이 들지만, 오히려 잠재고객인 소아환자들에게 긍정적인 경험을 제공하여 브랜드 이미지 역시 상승할 것이라 생각됩니다. 8:17 AM Jul 18th via TwitBird

^^ RT @coreabhe 음, 무경험자로선 난해한 질문이지만… 탑텐을 바라는 맘으로 멘션 ㅋㅋ 일단 부모의 입장에서 방안은 애를 목청

껏 계속 울게 하는 방법(→얼른 해결ㅋ), 병원측에선 소아전담 의사를 둘 순 없을까요…? 25~30%라면… 3:20 PM Jul 18th via TwitBird in reply to coreabhe

미국의 HMO★처럼 병원이 방문 전 전화/화상 원격진단 등을 통해 소아의 응급실 방문 수요를 줄이는 것은 어떨까요? ^^ RT @radbaek 종합병원의 응급실을 택한 것은 부모의 선택이며 애들 문제이다 보니 응급실이 필요하지 않은 상황에서 과도하게 응급실을 찾게 됩니다. 따라서 한정된 응급서비스 안에서 진짜 응급환자들이 피해를 입게 됩니다. 결론은 응급실을 찾지 않게 하도록 부모를 교육해야 하며 국가 차원에서 실행해야 합니다. 3:23 PM Jul 18th via TwitBird in reply to radbaek

★ HMO : Healthcare Management Organization. 보험회사들이 자사 소속 병원들을 통해 가입자들에게 합리적인 가격에 고품질 의료서비스를 제공한다.

현재는 공간과 인력 모두 부족하여 그렇게 못하고 있나 봅니다. ^^ RT @ianjeong 소아와 성인의 응급환자 접수와 처치를 따로 분리하면 되지 않을까요. 3:33 PM Jul 18th via TwitBird in reply to ianjeong

Case Study

의사들, 가운 벗고 고객만족을 배우다

　서울아산병원 정형외과 김진삼 교수는 요즘 매주 금요일과 토요일이면 병원 대신 서울 동대문구 KAIST 경영대학으로 출근한다. 23일에도 의사 가운 대신 캐주얼한 차림으로 슈펙스경영관 301호 강의실로 들어섰다. 강의실엔 동료 의사, 간호사 등 병원 직원 35명이 앉아 있었다. 평생 의학서적을 읽고 진료만 해온 의사들이 대학 캠퍼스에는 왜 찾아온 것일까.

　서울아산병원은 지난달 4일부터 KAIST 경영대와 손잡고 의사 및 간호사 등 병원인력을 대상으로 의료전문경영 교육프로그램 'MMP(Medical Management Program)'를 운영하고 있다. 진료 및 연구 부문은 세계적 수준에 이르렀지만 의료경영 마인드는 상대적으로 뒤처져 있다고 판단해 이 프로그램을 도입했다. 고객 의료서비스 수준을 높이면 고객유치에도 도움이 될 것이라는 포석도 작용했다.

　병원 교육운영위원회 심사를 거쳐 선발된 35명은 이달 23일까지 총 8주 111시간 동안 KAIST 교수들로부터 고객관계관리와 리더십, 조직경영에 대한 수업을 듣고 있다. 병원 개원 20년 이래 첫 대대적인 '교육' 실험인 셈. 학사 운영을 맡은 KAIST도 그동안 삼성전자나 현대중공업 등 대기업 위탁교육은 여러 차례 했지만 의료기관 교육은 처음이다.

환자 대기시간 최소화 등 불만 해소 아이디어 제안

23일은 그동안의 수업내용을 정리하고 성적이 우수한 '학생'에게 시상을 하는 날이다. 강의를 맡은 김영걸 교수는 지난 수업 때 과제로 내준 팀별 케이스스터디 발표로 수업을 시작했다. 해외 병원 사례를 바탕으로 어떻게 하면 고객 대기시간을 최소화할 수 있을지에 대한 연구과제다. "고객의 시간은 돈입니다." 재활의학과 전민호 교수팀은 "환자가 도착해서 접수를 한 뒤 검사를 받고 처방받는 데까지 총 129분이 걸린다."며 "지난 수업시간에 배웠던 프로세스 개선에 따라 고객 동선을 최소화하고 새로 깁스실을 만들면 최대 52분까지 줄일 수 있다."고 발표했다. 산부인과 김종혁 교수팀은 "대형마트들이 빠른 계산을 위해 소량계산대를 별도로 설치한 것처럼 X선 촬영실도 부위 및 증상 별로 나눠야 한다."며 "환자 및 보호자 대기실에는 안정을 취할 수 있는 음악을 틀어주거나 아이들이 좋아할 만한 만화나 영화를 틀어주는 것도 고객불만을 줄이는 방안."이라고 제안했다.

김 교수는 "해외 유명 컨설팅회사들도 업무에 대한 이해가 떨어지기 때문에 여러분만큼 자세한 수준의 보고서는 낼 수 없을 것."이라며 "축구시합에서 공격수와 미드필더, 수비수가 팀워크를 이뤄내야 이길 수 있듯이 의사와 간호사, 관리직이 절묘한 '멀티스킬팀'을 꾸리면 고객들의 만족도는 더욱 높아질 것."이라고 조언했다. MMP 1기 최우수 성적자로는 진단검사의학과 오흥범 교수가 뽑혔다. 서울아산병원은 이 프로그램을 확대 시행할 예정이다.

동아일보 김지현 기자

(출처 : "서울아산병원, KAIST 경영대서 '의료전문경영' 수강", 동아일보, 2010년 7월 26일자.)

3. Socrates & CRM Q42 : 종합병원과 특급호텔의 유사점 및 차이점을 고객획득과 고객유지 측면에서 분석해보시오. 4:22 PM Jul 19th via TwitBird

순발력? ^^ RT @koansu 침대, 식사 // 보험사 – 카드사 // 4:46 PM Jul 19th via TwitBird in reply to koansu

Good! RT @CJDREAM 호텔이나 종합병원 모두 브랜드파워가 강하다(삼성, 아산, 힐튼). 고객은 브랜드 믿음과 입소문에 강하게 의지

한다. 고객유지 면에서 만족도 높으면 호텔 자주 찾는 고객은 반복적인 이용, 병원 고객은 충성도는 높지만 재이용률이 낮다. 9:36 PM Jul 19th via TwitBird in reply to CJDREAM

Excellent! ^^ RT @Coolluck2U 'A42' 1.1 획득유사점 : reputation, referral 유리. 1.2 유지유사점 : room 선호도/병력 등 이력 이용한 개인화로 유지 가능. 2.1획득차이 : 병원 – 비자발적, 예측 어려움. 호텔 – 자발적, 예측가능. 2.2 유지차이 : 병원 – 정기검진 등 부가서비스로 유지노력. 호텔 – 출장/휴가/가족대상 다양한 offer 가능. 9:39 PM Jul 19th via TwitBird in reply to Coolluck2U

^^ RT @jollyppong 유사점은 호텔은 객실(투숙), 병원은 병실(입원)로 room 서비스 운영 / 차이점은 이용목적이 다르므로 병원 같은 경우에는 단순 이용횟수 증가를 유도하는 이벤트 진행이 어렵다? ㅋ 9:43 PM Jul 19th via TwitBird in reply to jollyppong

Excellent! ^^ RT @bluempathy 획득 : 유사 – 시설, 서비스, 브랜드. 차이 – 호텔은 외부 제휴와 보유 업장의 수준, 병원은 입소문과 평판. 유지 : 유사 – 개인별 맞춤 사후관리. 차이 – 호텔은 고객자산가치 상승, 병원은 평판확대 목표. 9:47 PM Jul 19th via TwitBird in reply to bluempathy

네, 맞습니다! ^^ RT @bluempathy 결국 호텔과 병원의 차이점은 병원 신규환자의 경우가 갖는 예측 불가능성과 우연성 그리고 치료 목적의 재방문을 원하지 않는다는 특성이 되겠네요. 종합병원의 경우 치료목적과 예방목적을 구분해야겠습니다. 9:52 PM Jul 19th via TwitBird in reply to bluempathy

Excellent! RT @LuxferreJ 시설, 등급, 경쟁사 대비 강점을 갖고 있고 서비스에 따라 차등화된 비용구조를 갖고 있고 24시간 서비스가 가능하다는 것. 고객은 이용목적, 접근성, 예산에 따라 선택 가능하고 호텔은 회원서비스, 병원은 병력관리 및 사후검진 등으로 고정고객화할 수 있다고 봅니다. 9:54 PM Jul 19th via TwitBird in reply to LuxferreJ

Excellent! RT @seouljin 〈고객획득〉 유사 : 브랜드 신뢰도 중요. 차이 : 1. 호텔은 브랜드 이미지가 중요한 반면, 병원은 의료진 평판, 시설과 같은 기능에 의한 인지적 판단 중요 2. 병원은 타깃 선정 어려움. 〈고객유지〉 유사 : 사후관리 중요. 차이 : 병원은 재방문 촉진이 어려움. 9:56 PM Jul 19th via TwitBird in reply to seouljin

Good! ^^ RT @Meeryewoo 언뜻 드는 생각으론, 유사점 : 원스톱 서비스, 최상의 서비스품질을 믿는 고소득층 타깃 마케팅 및 VIP

마케팅. 차별점 : 호텔 – 서비스 사용 전, 병원 – 서비스 사용 후 관리에 더 집중? 9:57 PM Jul 19th via TwitBird in reply to Meeryewoo

4. Socrates & CRM Q44 : 아이폰4의 수신불량 관련 애플 CEO 스티브 잡스의 초기응답 및 추후 기자회견이 애플의 기존고객 및 잠재고객에게 미치는 영향은? 당신이 스티브 잡스였다면 어떻게 대응했겠는가? 8:56 PM Jul 21st via TwitBird

Agree! ^^ **RT @CJDREAM** 문제의 심각도가 너무 지나치게 확대되어 잠재고객에게 안 좋은 이미지를 너무 심어준 것 같습니다. 구매고객은 큰 차이가 아닌데도 불량품을 받은 느낌이구요. 소뱅 손정의 사장의 기지국 확대정책 발표처럼 했으면 좋지 않을까요. 11:08 PM Jul 21st via TwitBird in reply to CJDREAM

Good! ^^ **RT @bluempathy** 기존 : 어차피 해결될 문제+통화는 여러 가치 중 하나로 인식(자기 판단). 잠재 : 문제의 중요도 파악과 해결방안 확인 시까지 구매 보류(여론 민감). 우선 사과, 환불 제시, 애플 상품권+향후 리퍼폰 무상 교환. 11:12 PM Jul 21st via TwitBird in reply to bluempathy

Good! RT **@seouljin** 〈기존고객〉 구매에 따른 인지부조화, 사용경험 만족에 따른 충성도 형성으로 애플 옹호정보 탐색, 삼성 음모론 제기 등 충성도 유지행동. 〈잠재고객〉 핸드폰의 기본기능에 대한 환기→아이폰 구매결정 지연 / 애플만의 감성으로 접근 필요. 2:39 PM Jul 22nd via TwitBird in reply to seouljin

Yes! ^^ RT **@jjk2469** 경쟁사 얘기는 하지 않았을 것이다. 2:40 PM Jul 22nd via TwitBird in reply to jjk2469

Agree! ^^ RT **@LuxferreJ** 경쟁제품과의 비교는 그간 주장하던 애플의 우위를 스스로 깎아내린 것. 범퍼 제공 등 예상된 내용 외 애플케어 무료제공 등 저비용 고효율의 서비스를 서프라이즈로 제공. 애플은 마니아층이 많아 기존고객 이탈은 적을 것이나 잠재고객에게는 악영향이 될 사건이었습니다. 8:32 PM Jul 22nd via TwitBird in reply to LuxferreJ

---

5. Socrates & CRM Q45 : 안테나 문제가 해결되지 않은 아이폰4를 국내에 조만간 출시예정인 KT의 기존고객(3Gs) 유지 및 신규고객 획득전략은? **Can KT do better than Apple?** 9:00 PM Jul 22nd via TwitBird

Good! ^^ **RT @bluempathy** 쇼 대리점과 번화가 거점에서 출시 전부터 아이폰4 시연행사, 기존 3Gs 사용자 대상 체험단 모집과 경험 전파(트위터, 블로그), 출시 후 통화음영지역 신고 핫라인 운영 및 불만 시 찾아가는 폰 교환서비스. 10:36 PM Jul 22nd via TwitBird in reply to bluempathy

모든 아이폰4 신규고객 한 달 무료요금보다 더 좋은 대안은? **RT @CJDREAM** 아이폰4는 한 달 내 환불이라는 애플정책+KT는 한 달 무료 라이트요금 선보이는 거죠. 고객이 지불하는 요금제는 한 달 후부터 시작되는 거죠. 고객 1인당 4만 원 정도 손해지만, 써보고 안 좋으면 걱정 없이 환불이 되니 안심이 되죠. 10:46 PM Jul 22nd via TwitBird in reply to CJDREAM

기존고객 차별 없는 신규고객 대안은? **RT @bluempathy** 3G 초기도 킬러기능인 영상통화를 무료 제공했죠. 아이폰도 전화 오면 짜증난다는 얘길 할 정도로 앱 경험이 핵심이니 30일 무료데이터와 30$ check를 증정하면 어떨까요. 8:12 AM Jul 23rd via TwitBird in reply to bluempathy

Good! ^^ **RT @Coolluck2U** 유지 : 장기 할인요금 혜택(KT의 4G 신규요금 혜택보다 유리하게). 신규 : 고무 범퍼 제공. 통화품질 이상

시 요금할인/환불. 프로모션 : 3G의 4G고객 추천 시 3G – 데이터 추가, 4G – 영상통화 추가/할인(MGM). 10:57 PM Jul 23rd via TwitBird in reply to Coolluck2U

Agree! RT @LuxferreJ 소프트뱅크가 그랬듯이 애플정책과 별도로 교환/수리에 대한 국내형 AS 정책의 필요성. 신규고객 사은품으로 범퍼 기본 제공, 기존 3Gs 고객 중 초기보험가입자의 승계를 인위적으로 막지 말 것. 11:01 PM Jul 23rd via TwitBird in reply to LuxferreJ.

CRM Q45 코멘트 : 애플은 무료커버와 한 달 내 기기환불만 제시했는데 KT는 애플의 무료커버+수신불만 등 사유로 한 달 내 서비스 해지 시 요금 환불(사실상 노 과금) 대안 제시하면 아이폰4 구매고객의 리스크를 최소화할 수 있지 않을까요? 11:26 PM Jul 23rd via TwitBird

6. Socrates & CRM Q49 :
삼성전자의 갤럭시S가 애플이 주춤한 기회를 잡아 국내외에서 선전하고 있다. 하지만 입에 거품을 물고 갤럭시S를 전도하는 핵심고객은 아직 많지 않다. 융단폭격식 광고 외 핵심고객을 창출할 수 있는 방안은? 11:23 AM Jul 27th via TwitBird

CRM을 하든 안 하든 '모든 고객은 진심으로 대해야' 하겠지요. 다만, 고객과 좀 특별한 관계를 구축하고 싶으시다면 '선택과 집중'이 필요치 않을까요? ^^ 2:55 PM Jul 27th via TwitBird in reply to DosigGong 핵심고객 등으로 고객을 분류하지 않고 모든 고객에게 진심으로 다가가는 방법은 어떨는지요? 진정한 CRM이자 기업활동이 아닐까 합니다.

^^ RT @coreabhe '이건희 회장이 터틀넥과 청바지를 입고 나와 프리젠테이션을 한다'는 느낌의 상징적인 액션을 취한다. 갤럭시 브랜드에 감성의 문화를 넣는 방안을 강구. '미투애플' 전략이지만, 100% 모방 후 뛰어넘을 수 있다고 생각하기에… 2:58 PM Jul 27th via TwitBird in reply to coreabhe

RT @CJDREAM 델의 컴플릿 커버 서비스를 삼성에 도입하는 것도 방법. 소비자 과실까지도 무상 AS해주는 방법(추가 고객부담 비용 없이), 애플과 같이 세계 동일제품은 동일가격 정책 등. 제품 자체 경쟁력으로 승부하기는 힘듦. 3:02 PM Jul 27th via TwitBird in reply to CJDREAM

RT @bluempathy 상징물, 교리, 전도사(교주는 아시안의 한계로 불가) | 갤럭시S만의 독창성이 적으므로 상징물이 약함. 애니콜의 Talk

Play Love와 같은 단순하고도 절대적인 교리 필요함. 평판과 전문성을 갖춘 글로벌 전도사 양성. 3:04 PM Jul 27th via TwitBird in reply to bluempathy

그냥 '감성적 접근'을 하라고만 하면 삼성전자 분들 좀 막막하겠지요? ^^ RT @LuxferreJ 감성밖엔 답이 없습니다. 현재처럼 H/W적 접근은 HTC 등 성능 자체를 앞세운 차기 모델에 밀릴 수도 있을 것. 3:20 PM Jul 27th via TwitBird in reply to LuxferreJ

For example? 어플 자체 제공? RT @Creative_Jin 다양한 어플 제공 및 시장 지원은 물론이고, 갤럭시S를 대표할 킬러서비스 개발이 필요… TV, PC, 프린터 등과 연계서비스일 수도 있고, 외부 제휴를 통한 서비스일 수도… 3:25 PM Jul 27th via TwitBird in reply to Creative_Jin

RT @youngduck2052 A49. 스마트폰을 사용하는 자의 이미지는? → 자유로움, 젊음, 차별, 똑똑함, 세련됨, 과시, 역동 ∴ 기업제휴, 강사, 교수, 스포츠스타, 패션디자이너, 여행전문가 등에게 사용후기 캠페인 전개, 브랜드이미지는 펫네임(별칭) 통일도 효과적. 6:48 PM Jul 27th via TwitBird in reply to youngduck2052

7. Socrates & CRM Q50 : 아이폰 때문에 그동안 KT에 밀리던 SKT가 갤럭시S의 선전에 힘입어 반격에 나섰다. 신규고객이 단말기 때문이 아니라 SKT에 대한 호감이나 충성도에 의해 창출되려면? 6:50 PM Jul 27th via TwitBird

^^ RT @wildsoccerr 약정기간을 좀 줄여주면 좋지 않을까요? 아무래도 2년 노예기간은… 정말… 젤로 짜증… 나는 것 같습니다…
9:23 PM Jul 27th via TwitBird in reply to wildsoccerr

RT @bluempathy 과감한 망 개방과 표준수용, 요금정책으로 모바일 통신시장 리딩 브랜드가 SKT라는 확고한 신뢰를 주어야. 과거 KT가 cannibalization* 우려로 VoIP 대응 실패한 것이 타산지석. 아이폰과 아이패드 도입도 적극 검토. 9:24 PM Jul 27th via TwitBird in reply to bluempathy

★ cannibalization : 자기잠식. 신제품 출시, 신규시장 진출 등이 기존의 자기시장을 잠식하는 것.

CRM Q49, Q50 코멘트 : 1. 제품사양 중심(갤럭시), 서비스약정 중심(SKT)→고객니즈(AppStore, wi-fi, 국내외 데이터로밍 요금 등) 중심 2. B2B & B2C 고객생태계 구축 3. 적과의 동침(갤럭시→KT, SKT→애플).
12:30 AM Jul 28th via TwitBird

8. Socrates & CRM Q54 : 홈쇼핑사에서 휴면고객을 활성화하기 위한 대규모 캠페인을 기획 중이다. hit ratio(캠페인 대상 중 활성화 비율)를 높이기 위한 고객군(TV, 카탈로그, 온라인쇼핑몰)별 캠페인 방법과 사전 준비작업들은? 4:04 PM Jul 30th via TwitBird

좋은 아이디어들이지만 이 정도로는 휴면고객들을 깨워 활성화시키기에 좀 부족할 것 같지요? ^^ 5:35 PM Jul 30th via TwitBird in reply to LuxferreJ 휴면고객의 구매이력을 확인, 반응률 높았던 상품을 카테고리 별로 분류 방송, 카탈로그, 이메일, 온라인 메인페이지에 향후 상품 방송일정 공개, 예약판매제(발송은 상품 방영 후)로 고객이 상품에 반응할 수 있는 준비시간을 늘림. 일정횟수 이상 구매기록 있는 휴면고객 대상으로 DM, SMS 안내도 방법임.

Good! RT @bluempathy 사전준비 : 구매이력 | TV, 카탈로그 : 전화로 선호샘플 발송 안내하고 추가 주문 시 혜택제시, 1to1카탈로그 발송. 온라인쇼핑몰 : 비구매 고객(로그인시 할인쿠폰→구매경험), 구매고객(주문 시 인기상품 증정→추가경험). 5:59 PM Jul 30th via TwitBird in reply to bluempathy

Good! RT @GeorgeShin offer는 휴면고객이 된 이유에 따라 제시. 예를 들어, 홈쇼핑→오프라인매장 고객이라면 무한반품, 교환절차

비용 간소화 제시. 저가브랜드에 대한 회피라면, 프리미엄 브랜드만으로 구성된 특별한 오퍼를 할 수 있습니다. 7:01 PM Jul 30th via TwitBird in reply to GeorgeShin

Very good! RT @seouljin 인터넷 : 이메일, 문자로 포인트 적립혜택, 구매내역 및 포인트 현황 알림 / 카탈로그 : 쿠폰 동봉 후 구매 시 포인트 추가적립 및 할인혜택 / 무엇보다 일정기간 구매횟수에 따른 고객등급제 실시하여 지속적 구매 유도하여 휴면 방지. 11:43 AM Jul 31st via web

9. Socrates & CRM Q55 : 주식투자할 때 한 종목에 몰빵하지 않고 다양한 종목으로 포트폴리오를 구축하듯이 기업도 고객 포트폴리오(CP)를 잘 설계하여 운영해야 한다. 국내 1위 신문인 조선일보의 CP를 진단하고 문제점 및 개선방안을 제안해보시오. 4:41 PM Aug 2nd via web

RT @CJDREAM 조선일보는 50대 이상의 구독층을 가지고 20~30대에서는 전문성 없는 정치신문으로 이해되고 있음. 동일 성향이라는 중앙일보의 판변형이나 온라인 마케팅 노력에 비하면 너무 노년층에 집중하는 모습. 7:48 PM Aug 2nd via web

Good! RT @coolluck2u 문제점 : 향후 주력세대인 대학생에 약세, 보수적 이미지. 개선방안 : 사회/경제 전문 콘텐츠로 대학생 유인(위클리비즈 등), 스마트폰 활용 신세대 이미지, 대학생 옴부즈맨 활용, 사회공헌 강화로 신뢰도 향상 등. 1:20 PM Aug 3rd via web

Good! ^^ RT @marketer_H 조선은 정치적 극우편향으로 정치관여도 높은 고객은 호불호가 극명해서 브랜드 포지셔닝 축을 따른 확장 어려움. 정치에 무관심한 집단을 상대로 차별화된 가치(정보) 제공으로 포지셔닝 확장. 1:25 PM Aug 3rd via web

Right issue! 해결방안은? RT @LeapOfChange 조선의 이념적 성향에 공감하는 종이신문의 구독자와 조선은 싫어하지만 주말섹션을 기다리는 콘텐츠 수용자를 같이 취급(?)하는 것? 주관적 단상입니다. ^^ 1:27 PM Aug 3rd via web

그래도 조선 앱은 성공작? RT @yjdotcom 고객층이 보수층에 치우쳐 있는데 스마트폰 앱이나 젊은 층 선호 서비스 공동 마케팅으로는 부족해 보임. 정치, 경제 외 문화, 예술 부분이라도 진보적인 기사를 실어 균형을 맞추도록 콘텐츠 조절이 필요할 듯. 1:31 PM Aug 3rd via web

와, 정말 참신한 아이디어들입니다. 조선일보 분들 꼭 읽으시면 좋을 듯! ^^ RT **@GeorgeShin** 조선일보를 싫어해서 관련 매체를 보질 않습니다. ㅠㅠ. 그래도 표면적으로나마 생각해보면, 인터넷신문, 아이폰 어플 신문, 종이신문 등 매체에 따른 고객분류를 할 수 있고, 각 구분 별 주요고객 성향에 따라 헤드뉴스, 주요 뉴스 등의 선정 등을 다르게 할 필요 있습니다만, 별로 현재 그렇게까진 하고 있지 않은 듯. 또 이건 어떨까 합니다. 지역별 다른 편집권을 주는 거죠. 즉 경상도와 전라도는 정치성향이 좀 다르지 않습니까? 그에 따라 기사 위치 등을 조정하는 거죠. 1:38 PM Aug 3rd via web

RT **@lovelybbo** 2030 젊은 세대와 여성, 진보층을 아우르는 독자층 확대의 노력이 필요. 실제 청년실업 해소를 위한 일자리 창출 캠페인이나 커리어우먼을 소개하는 섹션 등 다양한 계층을 위한 기획성 기사를 싣고 있지만 보수 기득권층을 위한 신문이라는 이미지와 논조^^로 독자층 확대는 쉽지 않을 듯… 개인적으로 조선일보의 정치 경제란은 잘 안 보지만 위클리비즈와 몇몇 섹션은 빼놓지 않고 보게 되는데 이는 콘텐츠의 힘… 돈이 많고 매체력이 있기 때문인지 세계 석학, 구루의 인터뷰 유치나 세계 유수 기업 소개 등(가끔 책 홍보지만)이 강한 것 같은. 결론적으로 포섭하고자 하는 독자층의 관심사에 맞는 캠페인 주도와 기사 제공을 강화해서 독자 스스로 안 볼 수 없게 만드는 것. 1:43 PM Aug 3rd via web

Good! ^^ RT @bluempathy 강점 [기획력, 취재력] | CP : 절대 (오피니언 리더, CEO), 다수(중상공인, 공공), 단순(50 이상) | 문제점(정치적 편향) | 개선 [정치적 개성, 요일 별 기획기사]+뉴 브랜드 [2030(인터넷)잡지, 무가지 등] 1:46 PM Aug 3rd via web

10. Socrates & CRM Q56 : 그럼 이번에는 조선일보와 대척점에 위치한 한겨레신문의 고객 포트폴리오(CP)를 진단하고 개선안을 제시해보시오. (참고로 신문의 고객은 꼭 구독자만은 아니겠지요? ^^) 4:29 PM Aug 3rd via web

Good idea! ^^ RT @hwhan 'google news, google alert 벤치마킹!' 독자 별로 원하는 섹션의 위치를 바꿀 수 있게 하거나, 원하는 섹션이나 설정한 키워드의 뉴스를 트윗이나 메일로 알려주는 서비스는 어떨까요? 5:34 PM Aug 3rd via web

접속자 위치정보는 매체 별, 지역 별 고객성향 따른 뉴스편집 custom화하고는 좀 다른 이슈 같네요? RT @luxmia71 이미 접속자 위치정보를 바탕으로 하고 있는 것으로 아는데요. GomTV도 하는 것을. 5:40 PM Aug 3rd via web

RT @CJDREAM 한겨레는 콘텐츠의 부재가 심각. 정치나 환경문제에 있어서 관심을 가지고 볼 수는 있지만 전체적으로 기사량이 메이저신문에 비해서 부족해서 독자층을 끌어들이는 데 한계 노출. 5:51 PM Aug 3rd via web

주주운동 요즘도 먹힐까요? RT @heechulpark 한겨레는 과거의 주주운동과 비슷한 마케팅을 다시 하거나 최대한 단기고객 유입에 힘써야 합니다. 시사인처럼 주주 대상 무료구독 또는 한겨레 아카데미를 전국단위로 확대, 직접 판매채널 활용하면? 6:03 PM Aug 3rd via TwitBird

RT @Coolluck2U 1) CP : 조선과 반대 20~30대 다수. 40대 이상 취약. 진보/비판적 마니아층 확보 → 발행부수(1/5수준)/광고수익/콘텐츠 모두 취약. 2) 개선 : 독자층 기반 인터넷 콘텐츠 제휴로 다양화/개인화 지원(iGoogle 사례), 조선 등 동시구독 유도로 보수언론 보완재 역할. 사회의 비판적/객관적 감시자로 틈새 포지션. 7:53 PM Aug 3rd via web

OK but 정체성 이슈? RT @simjtak 정치적인 면, 구독자 수적인 면에서 광고를 사주는 고객이 적고, 수입도 조선일보에 비해 적다. 구독자를 늘리기 위해선 다소 편향된 정치/사회 시선을 줄이고 섹

션비중을 다양화함. 친기업적 이미지로 광고 유도? 8:03 PM Aug 3rd via web

젊은 층=비구독층 이슈? RT @lovelybbo 젊은 지지층을 타깃으로 온라인, 모바일용 기능 강화, 사회 진보층, 전국의 젊은 패널 확보를 통해 기사의 양적, 질적 보강 및 실시간 정보제공 기능 강화, 가독률 확대를 통해 사회적 영향력을 확보하여 광고유치 강화. 8:15 PM Aug 3rd via web

11. Socrates & CRM Q62 : 복수 신사복 브랜드를 가지고 있는 패션회사에서 그중 하나의 브랜드를 접고 비슷한 컨셉의 신규 브랜드를 도입코자 한다. 기존 브랜드 고객들의 경쟁사 이탈을 최소화하기 위한 전략은? 4:22 PM Aug 11th via web

Good! RT @CJDREAM 새 브랜드로 런칭할 때 광고에 기업로고를 포함하고, 광고모델의 경우 기존 모델과 새 모델을 동시 투입해서 연결성을 부여시키면 좋을 듯. 기존고객들에게 메일, 우편 등을 통한 쿠폰 같은 고전적 방법은 필수? 8:21 PM Aug 11th via web

Agree! RT @MiniJuliet Q63 : 판매 중단 후라도 이미 판매된 기

존 브랜드 제품의 판매 후 서비스는 반드시 지속적으로 제공해야 될 듯(이것이 관건^^). 동시에 유사한 컨셉으로 거부감을 줄이고 신규 브랜드의 인지도를 높여야 합니다. ^^ 8:24 PM Aug 11th via web

Good idea! ^^ RT @wildsoccerr 음, 보상서비스요… 구 브랜드 옷을 가져가면 보상해주고 옷 살 때 보상금 합해서 옷 구입할 수 있도록 하면 어떨까요~ 그런 고객들은 다시 고객정보도 재정비하고~
8:26 PM Aug 11th via web

Good! ^^ RT @k1sang 기존고객의 충성도를 높이고 새 브랜드의 구매를 촉진하기 위한 이벤트가 어떨까요? 예를 들어 기존 브랜드의 옷을 입고 찍은 사진을 보내주거나 매장 방문해서 고객등록하면 일정기간 유효한 할인티켓을 주는 방법 등… 8:25 PM Aug 11th via web

브랜드 교체 상황에 따른 전략 아이디어 좋습니다. 그런데 참고로 요즘 국내 메이저 신사복 브랜드들은 cashback 멤버십 프로그램 시행 중이라 많은 고객정보를 가지고 있답니다. ^^ 8:31 PM Aug 11th via web in reply to GeorgeShin 브랜드를 새로 만들려는 목적에 따라 다를 듯합니다. 단순히 뜨지 못한 브랜드의 교체를 원한다면, 굳이 이전 고객들을 케어할 필요 없다 생각하고 그 케어가 새 브랜드에 역효과가 될 수도.

다음, 시장에서 나름 인지도가 있고 고객이 확보되어 있지만, 브랜드의 시간의 피로도가 높아 교체를 할 경우, 브랜드의 특성을(디자인, 채널, 포지셔닝) 그대로 이어받으면서, 당분간 구 브랜드와 병행표시로 기존고객을 유지함. 의류회사에서 고객 개인정보를 가지고 있다고는 생각 안 함.

Very good! ^^ RT @LuxferreJ 기존고객들에게 신규 브랜드 안내 DM, SMS 발송, 휴면고객에게 재활성화 꾀하는 이벤트 진행, 올드고객 초청(구매이력, 초기 옷 보상 상품권), 브랜드 스크랩 전 기존 매장에 안내POP 배치. 10:15 PM Aug 11th via web

CRM Q62 코멘트 : 특정 신사복 브랜드 고객의 충성도는 대상 브랜드뿐 아니라 그 브랜드의 모기업, 단골점포, 거래 점장 및 직원, 점포가 입주업체(예 : 백화점) 등에 대한 충성도의 영향을 받음 → 기존고객들을 grouping하여 차별적 대응. 9:42 AM Aug 12th via web

---

12. Socrates & CRM Q63 : 잘나가는 여성복 브랜드 매니저 H씨는 최근 고객 평균연령이 너무 높아져 (따라서 그들의 체형도^^) 고민이다. 고객에 맞추어 브랜드 컨셉을 바꿔야 할지 초기의 브랜드 아이덴티티를 유지해야 할지? Any idea? 9:56 AM Aug 12th via web

^^ RT @IbrahimKim 이걸 입으실 수 있는 체형은 인품을 상징한다고 스토리텔링을 해보죠. 10:02 AM Aug 12th via web

Excellent! ^^ RT @psy_steve 서브 브랜드를 만들어서 브랜드 컨셉은 유지하면서 체형을 커버할 수 있는 쪽으로 사이즈를 다양화하고 디자인을 조금만 바꾸면 신규고객과 기존고객을 모두 만족시킬 수 있을 것으로 보입니다. 10:42 AM Aug 12th via web

Good! ^^ RT @GeorgeShin 브랜드 타깃 연령층과 실제 고객연령층에 차이가 있다면, 브랜드 포지셔닝에 잘못이 있었는지 아니면 자연스런 고객의 다변화인지 파악해야 함. 첫째의 경우 즉시 고객층에 맞게 리포지셔닝, 둘째의 경우 브랜드 이원화! 10:45 AM Aug 12th via web

RT @bluempathy 아이덴티티를 유지해야 합니다. 그 아이덴티티와 입은 사람이 매력적이기에 기존고객이 나이가 들어도 유지되고, 나이든 신규고객도 유입되는 것이라 봅니다. 디자인 별 사이즈 제한을 통해 브랜드의 긴장감을 유지합니다. 10:46 AM Aug 12th via web

^^ RT @hstneo 브랜드 아이덴티티 유지. 1)고객들이 비록 뚱뚱해졌더라도 그들이 원하는 몸매는 예전의 몸매임 2)컨셉을 바꿨을 경

우 이미 중년층에 어필하는 기존 강자와 경쟁우위 불확실 3)추가로 최근 중년여성 욕구가 커지므로 차라리 건강한 몸매 찾기 캠페인이나 운동 수업을 조성해 현재 고객들이 더 나이가 들어도 과감하게 있을 수 있는 브랜드로 유지. 10:51 AM Aug 12th via web

RT @e_klim 신규고객 발굴 vs 기존고객 유지의 갈림길이네요… 길게 본다면 초기의 아이덴티티를 유지해야 하지 않을까요? 브랜드의 컨셉이랄까, 캐릭터랄까 그런 게 있을 텐데요… 10:52 AM Aug 12th via web

RT @Zzuuuuuuu Q63. 이미 그 브랜드는 그 연령층용으로 포지셔닝되었을 것이기 때문에 섣부른 리뉴얼보다는 그 연령층의 트렌드 세터용 브랜드로 1) 고객층 유지 2) '트렌디'라는 패션의 core value 강화가 안전하리라고 봅니다. 10:22 AM Aug 12th via web in reply to dominomoi Retweeted by you

RT @CJDREAM 신규고객 또한 연령층이 높아진다면 BI를 약간 변형할 필요가 있을 듯합니다. 기존 연령대와 상위층의 연결점 정도의 아이덴티티를 도입해보는 것도 좋을 듯합니다. 제품라인도 기존보다 약간 비싼 라인을 추가해서 차별화. 10:57 AM Aug 12th via web

Good idea! ^^ RT @coreabhe '기존 네임_프리미엄 수식어'로 네이밍해서 기존 컨셉은 지키되 사이즈를 좀 더 다양화하고 고급스럽게 브랜드확장을 하는 것은 어떨까요… 기존의 브랜드는 세련됨을 유지하면서요. 2:25 PM Aug 12th via web

Good! ^^ RT @Heungyeol 문제는 브랜드의 스위칭인데 기존고객 중 충성고객을 흡수하기 위한 전략으로 브랜드의 포지션을 분석하고 강점을 파악하여 윗부분에 포지셔닝하면 좋을 듯… Paul Stuart → Stuart II 참조. 5:58 PM Aug 12th via web

13. Socrates & CRM Q64 : 신사복 고객 DB를 들여다보면 주민등록번호가 2로 시작하는 고객(부인, 엄마, 장모님?)이 의외로 많다. 이 회사가 숙녀복 브랜드도 가지고 있다면 cross-sell 전략은? 6:15 PM Aug 12th via web

Good! RT @dizmife 어머니들은 항상 가족을 생각한다는 것이 key point! 자신을 위해 구매하더라도 타 구성원을 잊지 않는 심리. 예를 들어 일정량의 숙녀복 품목 구매 시 신사복 소모품인 셔츠 혹은 discount 쿠폰을 증정? :) 7:03 PM Aug 12th via web

Great idea! ^^ RT @Adaimantus CRM Q64에 대한 답 : 작지만 고품격 여성용 액세서리 사은품 제공 / 구입 신사복과 매칭 브랜드로 제안(부부/부자/모자 등등) WEB 2.0 시대인데 온라인 코디 추천도 좋지 않을까 싶어요. 7:08 PM Aug 12th via web

Good! ^^ RT @MinjeePyo 결혼식이나 공식모임에 함께 입고 나갈 수 있는 커플 신사숙녀복 이벤트 진행 / 기존 가입자가 신사복과 숙녀복을 함께 구입할 경우 타깃층의 라이프스타일에 맞는 문화예술 전시회 초대권 증정. 8:02 PM Aug 12th via web

Very good! RT @ironwoo1f 대표 모델이 함께 모여서 프로모션 이벤트, 구입 시 다른 브랜드 상품권 증정, 젊은 이미지 브랜드라면 VIP 매칭파티, 중후한 브랜드라면 VIP 부부의 서로에게 바치는 선물 컨셉으로 음악회, 여행, 프러포즈 이벤트! 8:05 PM Aug 12th via web

Good! ^^ RT @jihozzang 숙녀브랜드와 신사브랜드 구매 적립 포인트 통합 운영. ^^ 시즌 별 VIP 할인쿠폰 제공 시에도 숙녀브랜드와 신사브랜드에서 함께 사용할 수 있는 쿠폰 제공. ^^ 9:02 PM Aug 12th via web

14. Socrates & CRM Q65 : 에버랜드처럼 고객 대부분이 1년에 한두 번밖에 오지 않는 기업들은 고객을 회원등록시키기도 어렵고 또 등록회원들을 유지/강화시키기도 어렵다. 이런 기업들도 CRM이 필요할까요? 필요하다면 어떻게 해야 할까요? 3:06 PM Aug 13th via web

---

Excellent! **RT @bluempathy** 필요 : 시즌 별 이벤트 WoM. 회원제 : 1.연간 2.인터넷 3.제휴(카드, 이동통신 등). 혜택 : 콘서트 등 이벤트 초대, 성수기(캐리비안베이) 혜택, 맞춤 이용권(시설물 사용 분석), 동반 할인. 유지 : DM, 인터넷. 4:53 PM Aug 13th via web

Good! **RT @dizmife** 놀이공원 자체의 성격상 고객 방문 빈도수가 적은 것은 불가피하지만 관리 역시 필요! 올해 Six Flags와 Four Square의 제휴처럼 SNS를 통해 관리고객을 간편하게 체크하고 그에 맞는 보상을 공급! 4:57 PM Aug 13th via web

Good! ^^ **RT @totocca** 회원등록 고객이 주변에 추천고객 유발 가능, CRM 필요. 삼성계열사 고객유치 방안 필요. 에버랜드 주최 행사 초대권 제공, 계열사(신라호텔, 신라면세점 등) 제휴 포인트 공동 사용, 유치원 등 단체 제휴하여 할인 4:58 PM Aug 13th via web

Very good! **RT @Coolluck2U** 유지/강화 1) 매장할인. 2) 패밀리 회원 혜택(우선탑승). 독자보다 제휴 마일리지 공유/사용 통한 재방문 용이. 3)온라인 예약활성화로 시간절약 및 회원정보 획득. 공동 로열티 확보 위한 유관 업종 제휴 강화. 5:04 PM Aug 13th via web

RT @jihozzang 현재 에버랜드는 기존회원이 일정 기한 내에 재가입을 하면 할인혜택을 주고 있는데 부산처럼 멀리 떨어져 있는 고객의 경우 기한 내에 재가입을 하기가 어려울 때가 많음. 한 번이라도 연회원이었던 회원이 기간과 상관없이 재가입을 할 때 할인 혜택을 준다면 연회원 등록 규모는 지금보다 훨씬 늘어나고 유지강화 효과도 커지지 않을까요? 7:34 PM Aug 13th via twtkr in reply to dominomoi Retweeted by you

에버랜드가 주말이나 성수기에는 바글바글한 것 같지만 실제로는 연간 총 내장객수가 해마다 줄고 있고 유니버설 등 해외 경쟁파크가 수도권에 곧 들어설 예정이라 CRM 강화의 필요성을 내부적으로 느끼고 있답니다. ^^ 5:31 PM Aug 14th via web in reply to since931217 지금 에버랜드나 캐리비안베이는 평소에도 입장하기가 어려운데 굳이 CRM을 할 필요가??? 굳이 한다면 단골고객들을 위한 전용주차장이나 입장에 우선권을 주면 되지 않을까요? 암튼 현재의 경쟁구도에서는 아직 CRM을 할 필요는 없을 거 같아요…

15. Socrates & CRM Q72 : 멤버십 골프장과 콘도는 회원들이 많이 올수록 객단가가 낮아진다. 이러다 보니 성수기에 회원은 추첨배정하고 비회원 단체팀 받기에 바쁘다. 이와 같이 주객이 전도된 상황을 개선할 방안은! 1:55 PM Aug 18th via TwitBird

Very good! RT @Coolluck2U 'Q72' 1) 근본방안 : 적정 회원수 모집. 투명한 신청/당첨 프로세스(웹기반). 2) 보완 : 회원 예약보장제(성수기 별도가격 책정), 비수기 추가할인/추가사용권 부여, Cf. 성수기 회원전용 예약경매제 도입. 10:33 PM Aug 18th via TwitBird in reply to Coolluck2U

16. Socrates & CRM Q74 : 오늘 아침 주요 신문 중간 위치에는 이마트와 롯데마트의 양면광고가 대문짝만 하게 실렸다. 계속되는 양사의 저가상품 광고전쟁에도 불구하고 2위인 홈플러스는 태연하다. 홈플러스의 자신감 뒤에 숨어 있는 차별화된 역량과 전략은? 5:17 PM Aug 19th via TwitBird

김연아 광고도 도움은 되겠습니다만… RT @_Allonsy 이마트나 롯데마트와는 달리 24시간 개장을 통한 접근성 강화와 저가가격을 부각시키는 전략 대신 김연아를 광고에 등장시킴으로써 좀 더 신뢰할 수 있는 이미지를 주고 있는 전략??은 아닐는지… 5:39 PM Aug 19th via TwitBird in reply to _Allonsy

^^ RT @totocca 홈플러스는 지면광고보다 스타급(김연아) TV광고를 통해 물건보다 마트의 이미지광고에 주력하여 CM송을 나도 모르게 흥얼거리게 되는 세뇌형 광고가 강점. 9:55 PM Aug 19th via TwitBird in reply to totocca

Yes, HP는 이미 불특정 다수 대상 샷건 대신 수백만 발의 표적사격 중! RT @GeorgeShin 대형신문의 광고는 mass를 상대로 한 ATL. 마치 하늘에 샷건을 쏘는 것! 홈플러스가 샷건질 대신 스나이퍼를 준비하고 있다면 그게 현명한 정책일 수도!! 10:09 PM Aug 19th via TwitBird in reply to GeorgeShin

RT @esbluestory Q74. 홈플러스는 협력업체와의 상생관계도 중요하게 생각하는 것 같아요. 매장 내에서 협력업체 제품관련 행사를 시행하고 고객들에게 정보도 알리고 협력업체 제품도 알리고. 한마디로 모두가 윈윈할 수 있도록 상생전략을 구사하는 착한 기업이란 느낌! 11:16 PM Aug 19th via TwitBird in reply to esbluestory

동시에 구매고객별로 구매선호 제품들에 대한 가치제안(쿠폰 등) 병행!

RT @Remnant_Thesha 홈플러스는 납품업체에게 박리다매의 부담을 나눠 지자며 압박하기보다는 적절한 가격을 제시하며 훌륭한 퀄리티, 원활한 납품을 얻고자 하는 것 같습니다. 8:53 AM Aug 20th via TwitBird in reply to Remnant_Thesha

RT @LuxferreJ 이마트나 롯데마트가 대대적으로 가격광고를 할수록 홈플러스는 앉아서 경쟁마트의 가격정책을 파악 가능. 예전 최저가 가격전쟁에서 홈플러스는 일찍 발을 뺐으나 실적은 나쁘지 않았음. 최저가 가격전쟁이 실적엔 별 영향 없다는 경험의 발로임. 10:32 AM Aug 20th via TwitBird in reply to LuxferreJ

Good! ^^ RT @Coolluck2U 'Q74' 1) 역량 : 홈플러스 패밀리회원 기반 클럽 강화(베이비/키즈/와인/문화센터 강화). 2) 전략 : 클럽회원 대상 쿠폰/정보 등 가치 제공. (Ex. 와인클럽 비회원은 할인 안 됨). 10:33 AM Aug 20th via TwitBird in reply to Coolluck2U

17. Socrates & CRM Q81 : 대한민국 군대도 CRM을 필요로 할까요? 추진한다면 누구를 대상으로 어떤 목표를 가지고 해야 할까요? 구체적인 실행방안을 예를 들어 설명해보시오. 6:48 PM Aug 25th via TwitBird

네, 맞습니다. ^^ RT @k1sang 요즘은 신병대에서 카페를 만들어 놓고 훈련사진이나 중대장과 부모와의 대화도 하더군요. 군대에 고객이라 함은 아무래도 징집된 장병이겠는데, 1차적으로 장병의 부모나 여자친구 같은 보호자가 대상이 되겠죠. 8:55 PM Aug 25th via TwitBird in reply to k1sang

OK! RT @k1sang 목표로는 군과 일반 국민과의 의사소통 및 군에 대한 불신을 없애는 게 1차적인 목표가 아닐까 합니다. 2차 목표로는 군의 현대화된 생활이나 장병들이 자기발전하는 모습을 알려 지원병이 많게 하는 게 어떨까 싶네요. 8:56 PM Aug 25th via TwitBird in reply to k1sang

Good! ^^ RT @Rascasha (Q81) 1) 대상 : 현역 장병 및 그 보호자. 2) 목표 : 현역장병 - 군에 대한 편견개선. 보호자 - 관계유지 지원. 자녀와 소식이 끊이지 않도록 홈페이지 개설 및 사진 업데이트. 혹은 지속적인 DM 발송으로 유대감 강화. 9:41 PM Aug 25th via TwitBird in reply to Rascasha

이것도 중요하지요! ^^ RT @hwangsk77 군대의 CRM 목표라면 문제발생 여지를 미연에 방지하는 것. 관리대상은 신병 : 멘토링 제도, 관심병사(범죄이력, 결손가정 등) : 정기면담, 휴가 복귀병사(보통 심리적 변화 징후 대상) : 휴가 중 특이사항 파악 등. 11:07 PM Aug 25th via TwitBird in reply to hwangsk77

CRM Q81 코멘트 : 군대야말로 복무 중 및 제대 후 고객경험관리 (CEM) 중요 : 복무 중 각종 자격증 획득, 교과부 인정 대학 학점 취득→만족도/성취도 제고 ; 제대 시 (군복 대신) 멋진 군용 선글라스/다목적 칼(비매품) 선물→자부심 고취. ^^ 9:59 AM Aug 26th via TwitBird

CRM Q81 코멘트2 : 장병 보호자 Care : 다양한 소통 채널 제공+자랑거리 만들어주기(예 : "우리 아들/남편은 귀신 잡는 대한민국 해병대 근무 중!" 차량 스티커를 부대 emblem 넣어 제작, 보호자에게 제공)→장병가족의 군 홍보대사화! ^^ 10:19 AM Aug 26th via TwitBird

Case Study

매일유업 CRM 프로젝트

2007년 매일유업은 창사 이래 최초로 CRM실을 만들었다. 당시는 유통업체들이 PB상품 등을 통해 제조업 분야에서 세력을 확장해가던 시기였다. 제조업체와 달리 '구매 고객'에 대한 데이터와 지식을 갖춘 유통업체들이 시장 영향력을 강화하면 제조기업들은 한낱 PB업체로 전락할 수 있다는 위기감이 들었다.

이에 매일유업은 'CRM에서 해답을 찾자'며 벤치마킹에 나섰다. 한상철 CRM 부문장은 "제품 구매자가 누구인지 알기 어려운 B2C 제조기업들은 금융, 통신, 유통업계와 달리 CRM에 대한 개념이 확실치 않다."고 말했다. 고객 서비스가 콜센터를 지칭하는 경우가 많을 만큼 고객과의 관계를 성공적으로 관리한 사례가 드물고 정확한 고객관계관리 메커니즘도 없었다는 것이다. 콜센터마저도 고객의 불만을 처리하는 정도였다.

하지만 매일유업은 제조기업으로서 CRM을 통해 경쟁력을 확보할 수 있다는 전사적인 기획과 실행을 통해 새로운 모델을 창안해냈고, 이러한 활동 덕분인지 40여 년 만에 분유매출 정상을 차지하기도 했다. CRM 전문가 김영걸 KAIST 교수는 매일유업의 CRM 프로젝트에 대해 "물질적 차원을 넘어서 좋은 일에 공헌하고 지인에게 선물하면서 감성이 전해지는 프로그램으로 고객의 라이프사이클에 걸친 진정한 CRM 활동."이라고 평가했다.

분유 시장에서 약 40% 이상의 점유율을 차지하고 있던 매일유업은 자사가 보유한 분유고객 정보에서 실마리를 찾아냈다. 다른 제조기업과 달리 타깃 고객이 비교적 명확하다는 점을 이용한 것이다.

우선 임신부는 잠재고객, 산모는 고객이 되니 주요 제품의 고객층이 뚜렷한 점, 그리고 이 타깃 고객을 기반으로 매일유업의 여러 유음료와 주스 음료들을 연속선상에서 판매할 가능성이 크다는 점에 주목했다. 매일유업의 많은 분유 소비자들이 매일유업의 다른 제품의 존재에 대해 잘 모르고 있었던 것이다.

매일유업은 분유를 구입한 고객이 이어서 야쿠르트, 또 우유와 치즈까지 구매할 수 있도록 하기로 했다. 새로운 고객 확보만이 매출 증대로 이어진다는 생각부터 바꿨다. 기존고객의 마음을 잡는 것이 중요하다고 판단했다. 한 부문장은 "입력된 데이터를 기준으로 일률적인 마케팅을 하고 이에 노출된 대중 가운데 일부 신규고객을 확보하는 시스템 투자형 CRM이 아닌, 소중한 몇몇 고객의 마음을 붙드는 것을 시작으로 진심어린 '고객관계' 형성에 나서기 시작했다."고 설명했다.

특히 과거 IT업체에 근무할 때 많은 기업들의 CRM 실패사례를 목격한 한 부문장은 "시스템을 우선시하다 보면 근간을 이루는 정성적 부분을 놓친 채 데이터만으로 모든 것을 해결하려 한다."며 "우리는 IT에 기대지 않으면서도 경영효과를 높일 수 있는 CRM에 대한 새로운 접근방법을 고민한 것."이라고 말했다.

매일유업은 CRM 프로젝트를 본격적으로 추진한 지 3년이 지난 올 하반기 이후에야 데이터웨어하우스(DW), 온라인분석툴(OLAP) 등 시스템 도입을 검토할 계획이다.

마음을 전하는 '고객관계관리'

매일유업은 기존 금융, 백화점 등에서 하듯 매출순위에 따른 고객분류는 지양하기로 했다. 대신 예비엄마 교실, 임신 육아 포털 등 각기 따로 운영하던 고객 대상 마케팅 프로그램을 하나로 모으고 온오프라인을 통틀어 매일유업이 가진 모든 고객 DB를 하나로 모았다. 이후 콜센터로 전화해 불만을 털어놓는 고객들, 그리고 매일유업의 온라인 및 오프라인 행사에 자주 참여하는 고객들 등 매일유업에 관심을 갖는 고객을 분류해낸 후 이들의 '로열티'를 확보하기 위한 차별화된 서비스를 시작했다. 이들이 매일유업의 신제품을 한 상자 가득 선물 받을 수 있도록 하고, 냉장제품을 배송할 때는 대표이사의 감사 편지까지 동봉했다.

모든 제품 사이트와 온라인 기획은 CRM 부문에서 관리하도록 한 데 이어 2008년 분유 마일리지 멤버십 프로그램도 만들었다. 마일리지 포인트로 매일유업의 모든 제품과 자회사 제품까지 판매하는 홈페이지 쇼핑몰에서 자유로이 사용할 수 있다. 또 마일리지를 기프티콘과 맞바꿔 주변 사람들에게 건강 음료를 선물하고 마음을 주고받을 수 있도록 했다.

국제기아대책본부, 세이브더칠드런 등 아이들을 보호하는 국제적 NGO들과의 제휴를 통해 이 포인트로 기부활동까지 할 수 있게 했다. 아이티 지진 당시에도 현지 아이들을 돕기 위한 이벤트가 공개되자마자 삽시간에 수백만 원어치의 포인트가 모이기도 했다.

한 부문장은 "고객들은 '내가 매일유업을 통해 누군가를 도울 수 있고 또 의미 있는 일을 할 수 있게 돼 고맙다'는 마음을 가지더라."며 "많은 고객들이 매일유업과의 심리적 교감을 시작했다는 점에서 큰 의의를 두고 있다."고 말했다. 마일리지 제도를 통해 회원정보와 구매정보를 획득할 수 있게 되면서 더 세분화된 마케팅 전략이 가능해진 것도 부가 효과다.

고객의 라이프사이클에 맞춰 CRM 협업

매일유업은 더 나아가 최근에는 국내 1위 보험사, 1위 교육업체, 1위 리조트 업체 등과 전략 제휴를 통한 CRM 활동을 확대하고 있다. 서로 정보를 공유하면서 소비자들에게는 더 좋은 콘텐츠를 제공해줄 수 있다는 생각에서다.

출산을 마친 부모들의 가장 큰 관심이 교육인 만큼 매일유업이 좋은 교육 콘텐츠를 소개하는 것이다. 또 평균적으로 2~5세 아동을 둔 부모들이 자주 이용한다는 리조트 기업의 경우에도 매일유업과의 협업이 효과를 발휘할 수 있다는 전략이다.

매일유업과 협력업체 간 협업이 지속적으로 이뤄질 수 있도록 한다는 점에서 단기적 매출향상을 이유로 추진하는 1회성 협업 이벤트와는 차별화된다. 동일한 고객군을 가지고 있는 이업종 간 협력으로 고객을 장악하는 'CRLC(Customer Resource Life-Cycle)' 이론을 CRM과 접목하고 있는 것이다.

올해(2010년) 상반기부터 제휴활동을 더욱 강화하고 있는 매일유업은 하반기부터 통신 등 더 다양한 이업종 기업들과의 협업을 확대할 계획이다. 한 부문장은 "한 기업의 노력으로는 많은 고객들의 변화에 대응할 수 없다."며 "결과적으로 고객에게 좋은 콘텐츠를 제공하면서 기업들끼리 협업한다면 새로운 윈윈 모델이 될 것."으로 기대했다.

전자신문 유효정 기자

(원문 : "사례연구 - 매일유업 CRM 프로젝트", 전자신문, 2010년 7월 5일자.)

^^ RT @susan0708 고객센터에 근무하고 있습니다. 전자신문 기사에 상당히 공감합니다. 직접 전화문의까지 한 고객은 소극적 응답만을 얻고 끝나버리지요. 그런데 정작 회사는 휴면고객 활성화나 신규상품 텔레마케팅 등에만 열을 올리고 있고요… ^^ 12:35 PM Jul 21st via TwitBird in reply to susan0708

B2B
Case Study

B2B CRM 사례연구

 B2B Case Study

1. Socrates & CRM Q57 : 조선이나 한겨레나 구독료보다 더 중요한 수입원은 기업 광고다. 자사의 브랜드 가치나 정체성을 훼손하지 않으면서 신문, 잡지 등 기존매체 이탈조짐을 보이는 B2B 고객의 충성도를 높일 수 있는 방법은? 12:09 PM Aug 4th via web

^^ **RT @bluempathy** 한겨레) 강점 : 브랜드(외는 다 약점) 개선점 : 진보언론 대동단결로 취재망과 콘텐츠 보강, 앱 같은 뉴스스토어 방식으로 심층기사 소액 과금(판을 바꿔라! 기존 종합지의 판에서는 싸워봤자?) 12:16 PM Aug 4th via web

Agree! ^^ **RT @solipkim** 한겨레 아이덴티티 유지. 한겨레 고객은 타 신문 구독자 대비 고객충성도가 높고 차별화를 원하는 고객들이 많을 것 같음. 충성고객을 활용하여 추천. 소개할인 등 프로모션. 콘텐츠 부족은 전문분야별 섹션기능 강화(관련 전문매체 인수제휴). 12:18 PM Aug 4th via web

Good! RT @Coolluck2U [Q57] 1. 언론사의 매체 다양화(신문/잡지/Internet/Smart폰 등) 통한 channel 별 고객분석 후 광고주 별 통합/맞춤 offer 제시. 2. 광고주 one-stop service(의뢰 - 실행 - 분석). 2:27 PM Aug 4th via web

^^ RT @Coolluck2U [Q57 - 2] 3. mobile 등을 이용한 AR(증강현실 광고), 광고를 매개로 한 고객 interactive 채널 제공. 4. Smart폰 신문 강화를 통한 위치기반 광고 등 가격경쟁보다는 기술/채널 다양화 지원. 2:29 PM Aug 4th via web

네, 제 생각에도 5~10년 후면 종이신문의 급격한 쇠퇴가 불가피하지 않을까 생각합니다. 종이 같은 flex display 한 장만 들고 다니면 모든 신문/잡지/도서 내용을 볼 수 있지 않을까요? ^^ 3:45 PM Aug 4th via web in reply to psy_steve 약간 엉뚱한 생각인데, 종이신문이 언제까지 살아남을까요? 종이신문은 header와 기사의 요약문 정도만 제공하고 QR코드 등을 이용해서 웹으로 상세 내용을 볼 수 있도록 하면 자원절약도 되고, 원가도 절감되지 않을까 하는…

2. Socrates & CRM Q66 : 포스코나 현대모비스 같은 B2B기업의 CRM은 삼성전자나 현대차 같은 B2C기업의 CRM과 어떤 점에서 근본적인 차이가 있는가? 고객획득 및 유지 활동 관점에서 비교 분석해보시오. 9:22 PM Aug 13th via web

네, 맞습니다! And? ^^ RT @DaddySkywalker B2B기업의 account 수(client 수)가 B2C 기업들보다 적다 보니 B2B기업의 CRM은 human-oriented, 반대로 B2C기업은 시스템 중심이 되어야 할 듯합니다. 8:49 AM Aug 14th via web

Excellent! ^^ RT @Coolluck2U B2B) 획득 : 구매의사결정자가 조직의 다수, 심도 있는 정보 및 경쟁우위 제시(전시회 활용). 유지 : 장기적 파트너십 관점 제품교육 공동개발 등 상생, 스위칭 코스트 극대화 필요, PRM으로 조직 이해관계자 관리. 5:33 PM Aug 14th via web

Very good! RT @Zzuuuuuuu B2B는 법인의 니즈(가격효율성, 납기, 품질, 고객사의 업무관련 추가 니즈 등) 충족을 위해 이성적·객관적 접근이 필요, B2C는 개인의 wants를 충족시키기 위해 이성+감성을 통해 접근해야 합니다. 5:38 PM Aug 14th via web

3. Socrates & CRM Q67 : B2B CRM에서 자사에 대한 고객사의 스위칭 코스트를 극대화할 수 있는 방안을 산업 별(전자부품, 자동차부품, 제약, 컨설팅, MRO 등) 예를 들어 설명해보시오. (하나의 답변에는 하나의 산업만 예를 드시기를 ^^) 5:54 PM Aug 14th via web

맞습니다만 술, 골프만으로 경쟁사와 차별화가 가능할까요? 담당자 바뀌면 다시 술, 골프? ^^ RT @redleo8017 B2B는 담당자간의 끈끈한 인간적 유대가 최고죠. 술, 골프 등등 ㅎㅎㅎ 10:30 PM Aug 14th via web

^^? RT @redleo8017 계속해야죠. 제일 좋은 건 담당자와 같이 올라가서 정상에서 서로 만나는 거죠. ㅋ @dominomoi 맞습니다만 술, 골프만으로 경쟁사와 차별화가 가능할까요? 담당자 바뀌면 다시 술, 골프? ^^ 12:34 AM Aug 15th via web

좋습니다만, 조금 더 구체적으로는? RT @o7701 공통적으로 생각해보면, 1. complementary product를 늘림, 2. 관련 분야에 대한 central network position 획득 등이 있을 것 같습니다. 12:36 AM Aug 15th via web

CRM Q67 코멘트 : 제약사의 경우, ETC(전문의약품) 영업대상인 의 대교수들에게 전공분야 최신 연구동향, 미-유럽 신약 임상정보, 학술연구용 실험데이터 제공, 국내외 학술세미나 참가지원, 공동연구 진행 등을 통해 자사에 대한 스위칭 코스트 UP! ^^ 7:01 PM Aug 15th via web

Very good! RT @Coolluck2U [Q67 : MRO산업] 1) 웹기반 시스템 통해 고객사의 MRO(자재, 소모품) 수요/주문/사용/재고/비용 분석기능 실시간 무료제공 → 고객사 내부 MRO 부서 수준의 역할 수행. 2) 장기계약 기업 할인서비스 등. 9:54 AM Aug 16th via TwitBird

Good! ^^ RT @Coolluck2U [Q67 : 부품사] 1) 공동 R&D 제품개발. 2) 고유 납품제품 표준화/모듈화/특허취득 확대. 3) 장기공급계약 확대. 4) 파견/교육 등 인적교류 확대. 5) SCM*/PRM** 시스템 호환구축. 10:01 AM Aug 16th via TwitBird

★ SCM : Supply Chain Management, 공급망관리.

★★ PRM : Partner Relationship Management, 파트너관계관리.

Good! ^^ RT @Coolluck2U [Q67 : 컨설팅] 1) 상시 Q&A/정기진단 서비스 - 고객지식 확보 및 적극적 컨설팅 제안. 2) 경영진/담당부서 대상 benchmark 정보/교육 제공. 3) 컨설팅 성과 모니터링/feedback 제공 - 파트너십. 2:06 PM Aug 16th via TwitBird

4. Socrates & CRM Q68 : 의사처방이 필요한 전문의약품(ETC)이 아닌 일반의약품(OTC : 훼스탈, 우루사 등)을 약국에 공급할 경우 가격(약국 마진)이나 리베이트 외 약사들과의 관계를 공고히 할 수 있는 방법은? 3:40 PM Aug 16th via TwitBird

학교로 치면 중간고사, 마라톤으로 치면 반환점을 돈 셈이니 문제 난이도가 조금씩 올라가는 것이 맞겠지요? ^^ RT **@psy_steve** 이번 질문 어렵네요. ㅋㅋㅋ 약사는 또 여자분이 많다는 걸 생각하면 골프나 술 접대는 답이 아닐 테고. ㅎㅎㅎ 4:18 PM Aug 16th via TwitBird

Good! RT **@Remnant_Thesha** 1) 약사협회와 함께 일선 약국 대상 프로모션 진행(제품만 강조하는 프로모션도 좋지만 오래된 약 바꿔주기 등 사회현안에 부합하는 주제로 진행). 2) OTC 제품은 매체에서 제품명/사진/로고 노출 가능. 8:12 PM Aug 16th via TwitBird

Good! ^^ RT **@Zzuuuuuuu** Q68. 약사도 OTC 취급이 이익이 되어야 하니 '장사'가 될 tool 제공 필요. ex) 해당 약과 함께하면 더 효과적인 보완 제품(드링크류) 염가 제공, 재고의 빠른 반품, 신제품 미리 체험 제공 등. 8:18 PM Aug 16th via TwitBird

Very good! RT **@lovelybbo** 약국 고객 위한 판촉활동 지원, 약사

들 대상 교육 또는 세미나(제품교육, 산업동향, 경영관련 교육 등) 진행, 약국 별 물품 입출고 내역 및 기간별 판매추이 분석 제공, 판매량에 따른 인센티브 제공 등. 8:20 PM Aug 16th via TwitBird

포인트를 모아 지역 약사회 자원봉사 비용을 지원해도 좋을 듯! ^^ RT @Creative_Jin 약사 대상 멤버십 프로그램 제공은 어떨까요? 포인트를 이용해서 문화공연 할인, 생활밀착 할인 등을 제공하면 리베이트보다 체감 value, 로열티가 높을 것 같은데요~^^ 8:24 PM Aug 16th via TwitBird

5. Socrates & CRM Q69 : B2B에서 '을'의 CRM이 '갑'에게는 PRM으로 바뀐다. PRM을 잘하는 기업들의 특징은? PRM을 잘할 경우 얻을 수 있는 파트너로부터의 가치는? 8:37 PM Aug 16th via TwitBird

참신한 아이디어가 퐁퐁! ^^ RT @heechulpark 평일과 주말이 없는 약사들 대상 일요일 건강검진, 자녀들 과학캠프 등 감성적 터치, 동네 마을잔치에 해당 약국 이름으로 OTC 제품 스폰 협찬, 부가세 자료 세부정리 후 바로 세무사에게 전달 등등. 11:46 PM Aug 16th via TwitBird

약국과의 B2B 관계도 돈독해졌겠네요! ^^ RT @raychae1 예전 제약업체와 문화마케팅 이벤트를 진행했습니다… 판매금액별 포인트를 주고 일정금액이 되면 공연티켓을 주는 것이었죠… 문화생활도 하고 공연활성화도 되고… 11:50 PM Aug 16th via TwitBird

Agree! ^^ RT @Sue_Marojumma 신뢰와 투명성 기반 거래가 특징일 듯한데요. 장기적으로, value chain 전반 관점에서 생각해서, 가치를 극대화하려는 움직임(대기업이 협력업체에 제공하는 기술지원)이 있지 않을까 싶습니다. :) 11:52 PM Aug 16th via TwitBird

그렇겠군요. 경쟁사 따라 하긴 좀 그럴 테니까요. 고로 끊임없이 새로운 아이디어를 내는 것이 가장 중요할 듯합니다. ^^ 8:19 PM Aug 17th via TwitBird in reply to raychae1 그 업체와는 계속 문화이벤트를 진행하고 있고요. (그래서 공연예매권이라는 걸 만들었어요…) 의사, 약사님들 반응이 좋다고 하더군요… 그런데 문제는 같은 마케팅은 다른 제약업체에선 안 먹힌다는… - - ; ;

Q69(PRM) 코멘트 : 오늘 신문에 소개된 삼성전자의 "상생경영 7대 실천방안"(사급제, 사이버신문고, 공동기술지원센터 등) 보면 삼성도 앞으로 파트너관계관리(PRM) 더 강화할 듯. (옆구리 찔리지 않고 스스로 추진했더라면 더 모양새가 좋았겠지요? ^^) 9:20 AM Aug 17th via TwitBird

6. Socrates & CRM Q70 : 영화산업에서 그나마 안정적 수익을 올리고 있는 멀티플렉스 체인들이 영화제작사들과의 PRM을 잘 할 수 있는 방법은? 9:25 AM Aug 17th via TwitBird

Good! ^^ RT @raychae1 영화제작사들에게 체인극장을 활용한 상영확보일을 개런티해주고, 일정부분의 선급형태의 제작비 투자, 회원들을 대상으로 한 공동홍보 전담, 공동시사회 기획 등… 12:30 PM Aug 17th via TwitBird

CGV 등에서 일부 실행 중! ^^ RT @Remnant_Thesha 해당 극장에서 인디영화나 예술영화 제작사를 지원하면서 전문상영관을 운영하거나 해당 체인극장이 모두 참여하는 영화제 개최할 경우 극장은 PRM과 롱테일 비즈니스가 가능할 듯. 6:44 AM Aug 18th via TwitBird

네, 맞습니다. CGV 압구정 예술영화 전용관이나 메가박스 유럽, 일본영화 특별상영주간 등이 모두 오프라인에서 롱테일을 공략해보는 시도이지요. ^^ 9:10 AM Aug 18th via TwitBird in reply to Remnant_Thesha 교수님, 안녕하세요!! 벌써 극장에서 시행하고 있군요. 예전에 이베이 같은 온라인기반 비즈니스가 롱테일을 구현한다고 배웠는데요. 요새는 대중을 상대로 하는 극장(오프라인)에서 가능하다고 하니 롱테일이 확장 가능한 컨셉이라는 생각이 듭니다.

7. Socrates & CRM Q85 : 기아대책이나 월드비전과 같은 사회복지법인(NGO)들은 개인후원자들(B2C)과 후원기업들(B2B) 모두를 고객으로 관리해야 한다. 이 중 획득은 비교적 수월하지만 적극적 유지가 쉽지 않은 그룹은? 이유는? 9:15 AM Aug 30th via TwitBird

Good! ^^ **RT @Zzuuuuuuu** Q85. B2C : 1) 감정에 휘둘려 가입 용이/탈퇴 가능성 높음. 2) 비공식적 활동이라 개인사정이 가장 높은 변동 요인. B2B : 1) 가입 자체가 대내외적 공식 활동. 2) 회사 이미지 관계되어 웬만해서는 탈퇴 안 함→BtoC가 유지 어려운 집단. 3:16 PM Aug 30th via TwitBird in reply to Zzuuuuuuu

Yes! **RT @CJDREAM** B2C가 유지가 어렵죠. 기업의 경우는 이익의 일부분을 사회환원 대상으로 잡고 예산을 편성하고 장기간 지원을 하지만 개인은 여윳돈을 기부한다는 성격이 강하기 때문이죠. 3:17 PM Aug 30th via TwitBird in reply to CJDREAM

Yes! **RT @102isu** B2C. B2B의 경우 의사결정 과정이 길기 때문에 결정 시간이 오래 걸리고, 쉽지 않다. 반면에 개인은 비교적 쉽게 후원 참여하지만, 이탈 결정도 쉽기 때문에 유지관리가 더 어렵다. 3:19 PM Aug 30th via TwitBird in reply to 102isu

RT @LuxferreJ 개인고객의 유지가 어려움. 기업고객은 기부/봉사에 홍보목적도 있어 다양한 사회봉사단체와 관계를 맺으나 개인고객은 이에 대해 자유로워 봉사단체의 사회적 평판 및 소문에 영향 큼(ex. 유니세프 한국지사장이 뉴라이트, 월드비전의 기부금 선교목적 사용에 대해 기부단체 전환 많았음). 3:21 PM Aug 30th via TwitBird in reply to LuxferreJ

즉, 기업도 유지노력 필요? Yes! RT @Coolluck2U B2B기업 : 기업은 비자발적 참여(NGO 요청, 과시적 사회공헌 등)가 상대적으로 많아 경영진/담당자 변경 시 대상업체/금액 등의 변경 가능성 높음. 개인은 자발적/목적의식 상대적 높음. 3:26 PM Aug 30th via TwitBird in reply to Coolluck2U

---

8. Socrates & CRM Q86 : 사회복지 NGO들이 후원기업의 사장님이나 담당임원이 바뀌어도 후원관계를 잘 유지 – 발전시켜 나가기 위해 평소 할 수 있는 노력은? (술이나 골프접대 말고! ^^) 3:34 PM Aug 30th via TwitBird

---

RT @CJDREAM 어느 정도 규모가 있는 회사에서는 사내지가 발행되는데 후원결과를 사내지에 넣을 수 있도록 자료를 보내주는 것이 큰 도움이 될 것 같습니다. 후원사의 임원진뿐 아니라 조직원들이

보람을 가지게 하니까요. 6:13 PM Aug 30th via TwitBird in reply to CJDREAM

^^ **RT @ryugaram** 후원받은 이들의 손글씨 편지를 정기적으로 보내어 담당자의 마음을 움직이겠습니다. 6:28 PM Aug 30th via TwitBird in reply to ryugaram

RT @RoseEclipse 제가 후원했던 월드비전의 경우, 1년에 한 번씩 후원아동의 발달상황과 사진이 오고 연말에는 아동이 직접 그린 그림카드가 옵니다. 이런 서신이 후원하는 입장에서 더욱 열심히 후원하게 만들던데 기업에도 이런 교류가 있으면 좋을 듯. 6:30 PM Aug 30th via TwitBird

Very good! ^^ **RT @totocca** 1) 후원기업의 임원들 은퇴 후 봉사 기회 제공 & 자녀 봉사 기회 제공. 2) 개인후원자들과 후원기업을 연결 시너지 효과 유도 : 개인후원자에게 후원기업의 물건 구매 혜택 제공 & 후원기업 행사 초대. 6:31 PM Aug 30th via TwitBird in reply to totocca

Yes! **RT @mbt2008** 지원자를 만족시키는 활동결과 아닐까요? 내가 도와주는(지원하는) 단체가 잘 운영해서 어떤 결과를 얻었다…는 보고서를 제출하여야 하고 더욱이 매스컴을 타고 누가 지원해주어

이렇게 되었노라고 얘기한다면 최상이겠지요. 6:34 PM Aug 30th via TwitBird in reply to mbt2008

Yes but how? ^^ RT @blue6string 다른 NGO에 눈길이 가지 않도록 활동의 차별화와 브랜드 아이덴티티를 구축하고 지속적으로 알리는 것이 좋을 것 같습니다. 아름다운 가게가 그 예가 될 수 있을 듯합니다. 11:48 AM Aug 31st via TwitBird in reply to blue6string

CRM issue

다시 주목받는 CRM

김영걸 KAIST 정보미디어경영대학원장은 기존에 구축된 CRM 시스템과 프로젝트가 진실로 고객과의 관계를 향상시키고 관리하기 위한 목적에서 출발되지 않았다고 지적한다. 단기적 매출상승의 툴로서 임원들의 눈높이에 맞춘 것이 실패 원인이라는 것이다. 김영걸 교수는 "CRM은 고객과의 접점에 있는 실무자가 사용하는 것이고, 고객이 기업에 대한 우호적인 태도와 선호도를 높이는 것을 목적으로 했을 때 결과적으로 매출이 향상될 수 있다."고 설명했다.

CRM 프로젝트의 성공률이 낮은 이유는?

- 국내에서 70% 이상의 CRM 프로젝트가 실패했다고 본다. 첫 번째 이유는 고객과의 관계를 관리하는 것이 아니라 타깃 마케팅으로 단기적 매출에 집착하기 때문이다. 고객에게 스팸성 전화를 자주 거는 등 일방적인 접근으로 인해 고객과 관계가 더욱 악화되곤 한다. 두 번째는 CRM 시스템은 있지만 추진 조직과 전략이 없는 경우가 많다. 조직 구성원의 생각부터 바꿔나가

는 것이 급선무다. 아무리 좋은 시스템을 갖춰도 상대방 입장에서 생각하지 않으면 무용지물이다. B2B기업들의 경우 영업 담당자들이 고객관리를 위해 사용하는 CRM 시스템이 아니라 영업 담당자를 관리하기 위한 CRM을 구축하기도 한다. 실패의 지름길이다. 불행하게도 많은 시스템이 실무진이 아닌 임원의 눈높이로 설계돼 있다.

관계형성에 중점을 둔 좋은 사례가 있나.

― 소비자의 구매 패턴을 분석해 로그인할 때마다 다른 책을 추천하는 아마존, 온라인을 활용해 기호를 파악하는 말보로 등이 좋은 사례다. 델은 스스로를 PC 판매회사가 아니라 고객을 위한 'PC 관련문제 해결부서'라고 부른다. 구글은 개인의 위치정보를 분석해 잠재고객을 파악하기도 한다. 민들레영토와 에버랜드도 고객 중심 조직문화와 감성 전달로 별다른 시스템 없이 고객과의 관계형성을 통해 성과를 얻은 기업들이다. 매일유업도 관계형성을 위한 CRM을 잘 추진하고 있는 사례다.

CRM 평가지표로 NPS 지수를 추천했는데.

― 일반적인 '고객만족도' 조사는 대부분 80~90% 이상의 만족도가 나온다. 정확한 판단이 힘들다. 예를 들어 '주변에 이 제품을 추천하겠느냐'는 질문을 하고 1~10까지 숫자를 기입하게

한 후 9~10을 체크한 사람 수에서 1~2를 체크한 사람 수를 마이너스한 수치가 NPS 지수다. 많은 기업들이 이 조사를 한 후 고객만족도가 심각한 수준이라는 것을 알게 된다. 평소 고객만족도가 90%를 넘는 한 글로벌 명품기업도 NPS 조사 결과 -50%라는 점수를 얻었다. GE의 제프리 이멜트 회장이 중요한 평가기준으로 삼고 있으며, 제품군 별로 조사하면 경쟁력에 대한 결과가 정확히 나온다.

CRM 프로젝트를 위해 조언한다면.

- 정보시스템을 우선시하기보다 감성을 전달할 수 있는 다양한 프로세스와 추진체계, 조직문화 형성에 집중해야 한다. CRM의 성과를 개인의 핵심성과지표(KPI)에 반영하는 등 평가체계도 중요하다. 정반대로 가고 있는 기업들이 통신기업들이다. 서로 가입자 빼앗기 경쟁을 벌이다 보니 기존고객과 관계형성보다 경쟁사 고객유치에 더 집중하고 있다. 고객들이 기기를 바꿀 때마다 통신사를 바꾸는 기현상으로 이어지면서 CRM의 핵심가치를 잃어버린 경우다. 엄청난 양의 DB나 시스템을 갖추고 있다고 해서 CRM을 잘하는 것이 아니다.

전자신문 유효정 기자

(출처 : "다시 주목받는 CRM", 전자신문, 2010년 6월 14일자.)

Customer Experience Management

고객경험관리 :
어떤 체험을 선사할 것인가?

 Customer Experience Management

1. Socrates & CRM Q39 : 홈쇼핑회사에서 주문접수 3일 뒤 재고파악이 잘못되어 1주 배송 약속을 지킬 수 없음을 발견했을 때 취할 수 있는 최선의 조처는? 이를 위한 전제조건은? 2:44 PM Jul 15th via TwitBird

네, 맞습니다. ^^ **RT @MiniJuliet** Q39 : 예기치 못한 상황 발생 시 먼저 고객에게 인폼 / 이를 위해서는 상품 주문 - 재고확인 - 배송 프로세스에 대한 전반적인 관리가 가능한 시스템 구축이 필요합니다. ^^ 맞나요? 3:30 PM Jul 15th via TwitBird in reply to MiniJuliet

Good! ^^ **RT @CJDREAM** 소비자에게 즉시 양해를 구하고 제품의 용도에 따라서 적절한 대체상품을 지급하거나, 추가 구성품을 지급해야겠죠. 밥솥이나 주방용품의 경우 유기농 쌀을 선물을 하면 만족도 높을 겁니다. 3:31 PM Jul 15th via TwitBird in reply to CJDREAM

Good! ^^ RT @GeorgeShin 우선 실질 배송가능 일정을 확보하여, 소비자에게 전달 그리고 제품군에 따라 구매취소, 할인, 사은품 배송, 즉시 배송 가능한 대체품의 offer 등을 진행. 5:44 PM Jul 15th via TwitBird in reply to GeorgeShin

단, 이런 service failure가 자주 일어나지 않는다는 조건. ^^ RT @xribbon 최선의 조치는 전화 통화 후 배송지연에 대한 정중한 사과 후 정확한 배송날짜를 알려주는 것 + 물건 배송 시 작은 선물 한 개 보내는 센스~ 5:47 PM Jul 15th via TwitBird in reply to xribbon

2. Socrates & CRM Q48 : 놀부 창업주이자 외식업계 '미다스의 손'으로 유명한 오진권 사장은 "식당은 AS가 아니라 BS가 중요하다."고 강조한다. 무슨 뜻일까요? 지금까지 공부한 내용 중 연관되는 파트는? 5:52 PM Jul 26th via TwitBird

오 사장님, 이 정도면 100점 드려도 될까요? ^^ RT @LuxferreJ 식당은 외관 및 입장 시 보이는 위생상태, 손님의 수, 소음, 좌석동선,

점원 접객태도 등 입장 시 그 가게에서의 식사 여부를 결정하는 요소가 있음. 식당은 입장부터 음식이 나오기 전까지가 고객획득의 요소임. 9:23 PM Jul 26th via TwitBird in reply to LuxferreJ

^^ RT @antidote21 정말 궁금해요. BS!! 혹시 Bob Service?? 무식한 소린가여? 제가 알기론 풍성한 서비스, 퍼주는 서비스가 외식에선 중요하다고 강조하시고 다시금 어떤 외식사업을 하셔도 자신 있다고 들었는데… ㅎㅎ^^ 9:25 PM Jul 26th via TwitBird in reply to antidote21

Yes! ^^ RT @CJDREAM BS가 설마 before service인가요. 식당은 우선 맛이라는 것인가요? 우선 당장 손님이 식당에서 맛있게 먹고 서비스가 좋아야 나중에 무슨 마케팅을 하든 뭘 하든지 한다는 의미 아닌가요. 9:27 PM Jul 26th via TwitBird in reply to CJDREAM

고객의 진정한 니즈(pull)보다 시스템 중심의 솔루션 영업(push)을 우선시해서가 아닐까요? RT @Inertia7 국내에서 외국계 CRM회사가 뿌리 깊게 비즈니스를 영속성 있게 하지 못한 중요한 이유가 무엇이라 생각하시는지요? 12:13 AM Jul 27th via TwitBird in reply to Inertia7

Very good! ^^ RT @lkwiseok 요식업은 AS보다는… 음식 맛, 분

위기, 서비스로 매장을 다시 찾을 수 있어야 하고, 입소문의 추천요인이 중요할 듯합니다. 이러한 요인들이 before service로 판단되며, 획득/재구매가 연관. 12:16 AM Jul 27th via TwitBird in reply to lkwiseok

Yes but 방문고객들의 WOM(구전)도 중요! RT @bluempathy 식당은 '고객획득'이 중요. 한정된 메뉴와 재방문에 의도적 기간을 갖는 소비자 특성, 유행의 변화, 유사업소 경쟁심화 등으로 신규고객의 지속적 유입이 critical! 11:29 AM Jul 27th via TwitBird in reply to bluempathy

3. Socrates & CRM Q78 : 고객과의 소통은 오프라인 고객센터→콜센터→온라인(이메일, 홈페이지 게시판)→모바일(스마트폰 앱, 트위터) 채널로 진화 중이다. 각 채널에 적합한 대고객 업무 및 처리대상 정보/지식은? 근거는? 5:51 PM Aug 23rd via TwitBird

Good! RT @CJDREAM 고객센터는 하드웨어적 문제나 심각한 피해가 예상되는 사항. 콜센터는 실시간으로 대화가 필요한 것들. 이메일이나 트위터는 간단한 문제나 이해하지만 수정 가능한 장기적 불편. 콜센터 장년층에게 필수. 이메일, 트위터 젊은 세대. 10:16 PM Aug 23rd via TwitBird in reply to CJDREAM

Yes! RT @fair386 (Q78) 소통채널이 진화하면서 그 내용을 제3자가 엿볼 수 있는 위험도 함께 증가. 특히 불만고객은 모든 채널을 통해 융단폭격을 퍼붓는 경향이 있으므로, 가급적 기업이 능숙한 채널만으로 집중해서 운영할 필요가 있음. 10:17 PM Aug 23rd via TwitBird in reply to fair386

^^ RT @Zzuuuuuuu Q78. 괴짜스럽지만 경제심리학 이론 감안 시 중요할 수 있습니다. ^^ 오프라인 고객센터 : 용모, 화술, 태도 / 콜센터 : 목소리, 화술, 어투 / 웹사이트 : 고객이 편한 인터페이스 / 트위터 : 140자의 한계. 10:36 PM Aug 23rd via TwitBird in reply to Zzuuuuuuu

네, 맞습니다. 고객이 원하는 업무의 속성(단순정보, 상담, 문제해결 등) 및 요구되는 처리속도, 처리비용 등에 따라 다양한 채널이 사용되겠지만 핵심고객과의 관계는 오감이 많이 사용될수록(대면, 통화 등) 유리하지요. ^^ 8:56 AM Aug 24th via TwitBird in reply to Remnant_Thesha 'Q78' 질문과는 다른 이야기인데요. 말씀 주신 고객소통 방식의 변화가 고정고객(단골) 확보 정도와는 어떤 상관관계를 보이게 될까 궁금해졌습니다. 추측으로는 오감을 통한 직접 경험이 보다 장기적이고 긍정적인 만족을 줄 것 같습니다.

Good! ^^ RT @hwangsk77 오프라인 : 대면 서비스 표준화(표정, 태도 등), 콜센터 : 상품 및 기업정보 스크립트, 온라인 : 인터페이스, 모바일 : 커뮤니케이션 콘텐츠. 8:56 AM Aug 24th via TwitBird in reply to hwangsk77

4. Socrates & CRM Q79 : 아파트를 주로 짓는 대형 건설사에서 홈페이지에 네거티브한 고객불만/항의가 많이 올라와 HP게시판을 폐쇄했더니 다음, 네이버에 자사 안티 사이트들이 마구 생겨 고민이라고 한다. Q78을 참고하여 대안을 제시하여보시오. 9:12 AM Aug 24th via TwitBird

Good! RT @pasion1023 HP 재오픈→일대일 답변(단, 비밀글 설정으로 질문자만 답변 보게끔), 그리고 단순한 불만사항이 아닌 경우 콜센터 통한 응답→고객의견 들어줌과 동시에 불만사항 외부로 퍼져나가는 걸 방지해야 할 듯하네요… 1:58 PM Aug 24th via TwitBird in reply to pasion1023

Very good! RT @Zzuuuuuuu Q.79 안티를 충성고객 만들기/방법 : 게시판 개편(불만, 칭찬 나누고 의견에 즉각, 진심 대응) 및 개편공지(PR, 트위터, 블로그 게시 등)로 안티 블로거를 다시 게시판으로 유입→의견

개진자 및 시정내용 트위터로 홍보(띄워줌), 명예 사외이사 등으로 운영. 6:21 PM Aug 24th via TwitBird in reply to Zzuuuuuu

Good! RT @minwkim HP게시판 부활→고객불만/항의 유형분류→민원 강도 따라 홈피 게시판 댓글, 콜센터에서 outbound로 응대해야… 안티 사이트에는 홈피와 콜센터에서 민원접수 중임을 공지… 대표적인 불만에 대한 FAQ 마련〈소통 측면〉 6:26 PM Aug 24th via TwitBird in reply to minwkim

^^ RT @ryugaram GS건설의 주부자문단 '자이엘', 현대건설의 '힐스테이트 스타일러', 건설을 주부의 입장에서 해석, 만족도를 높임. 건설사 직원의 가족을 CRM 응대자로 채용하여 고객의 불만을 해소. 6:28 PM Aug 24th via TwitBird in reply to ryugaram

Yes! ^^ RT @hwangsk77 소통의 단절에 의한 부작용임. 게시판 오픈과 더불어 작성자만 열람권한을 주어 집단여론이 형성되지 않도록 하고 주요 고객지향적 정책들에 대해서는 끊임없는 대 고객 커뮤니케이션을 통해 긍정적 인식 형성기회 창출. 11:00 PM Aug 24th via TwitBird in reply to hwangsk77

5. Socrates & CRM Q80 : 고객지향적 기업이더라도 가끔씩은 고객서비스에 문제가 발생할 수 있다. 이러한 문제를 오히려 전화위복의 기회로 바꾸기 위해 기업들이 평소 갖추어야 할 프로세스와 원칙은? (홈쇼핑, 도미노피자 등의 배달시간 보장 참고.) 8:08 AM Aug 25th via TwitBird

---

Good! ^^ RT @ollyppong 귀책에 대한 인정, 그로 인해 불편을 겪은 고객들에게 보상 및 시정 약속, 회사에서는 문제점에 대한 원인분석 & 개선활동 전개, 개선 후 가능하다면 개선결과에 대한 고객 피드백 진행… ^^ ; 4:09 PM Aug 25th via TwitBird in reply to jollyppong

RT @hwangsk77 오픈형 '고객의 소리' 운영(소비자 자문단 등)→통합 VOC 운영체계(접수채널 별 제안/칭찬/불만 등 분류 운영)→VOC 개선위원회→개선정책 수립/시행(고객보상 정책제도 필수)→언론홍보→대 고객 신뢰 제고. 4:09 PM Aug 25th via TwitBird in reply to hwangsk77

Yes! ^^ RT @MinjeePyo 고객불만을 바로 잠재우며 이후 재구매까지 유도. ex)맥도날드 : 60초 안에 주문된 음식이 나오지 않으면 다음번에 감자튀김이 공짜인 쿠폰 지급. 4:39 PM Aug 25th via TwitBird in reply to MinjeePyo

Good! RT @Rascasha 위기상황 시 지침 및 행동 매뉴얼화. 불만고객 발생 시 고객의 의견 경청하고 문제해결 과정 및 결과의 프로세스를 고객에게 상세히 피드백. 쿠폰 및 마일리지 보상 시 시너지 효과. 4:42 PM Aug 25th via TwitBird in reply to Rascasha

Good! RT @driftkby 원인이 프로세스의 문제인지 고객 접점의 실수인지 파악. 전자라면 신속하게 프로세스/시스템 개선공지, 후자라면 고객에게 납득할 만한 원인 설명하고 재발방지에 대한 굳은 약속 및 보상실시로 이탈방지 및 신뢰감 확충. 4:52 PM Aug 25th via TwitBird in reply to driftkby

Very good! RT @Coolluck2U 1) 교육 : 고객응대 가이드북/표준화. 2) 프로세스 : 주인의식(+권한이양) 통한 상황중심 응대(불만해소책 제시, 불만→VOC로 전환 혜택/보상 제공). 3) 원칙 : 고객중심 즉시적/감성적 대응 중요! 5:37 PM Aug 25th via TwitBird in reply to Coolluck2U

CRM Q80 코멘트 : 25년 전 미국유학 시절 집에 친구들이 찾아와 도미노피자 라지 2판 주문, 눈보라로 약속배달시간 10분 넘기자 no charge, 한 달 뒤 도미노피자 중부지역 부사장이 정중한 사과편지와 무료 피자쿠폰 전송→25년 핵심고객의 탄생! ^^ 6:25 PM Aug 25th via TwitBird

좋은 의견 감사합니다. 도미노피자뿐 아니라 오프라인에서 강한 기업이 온라인에서는 의외로 취약한 경우가 있는 것 같습니다. 그래서 기존의 성공에 자만하지 말고 부단히 고객과 소통해야 하는 것 같습니다. ^^ 9:20 AM Aug 30th via TwitBird in reply to blackfeather6 저도 도미노피자의 서비스와 압도적인 맛 때문에 거의 팬 수준의 이용자가 됐지만, 요즘 한국 도미노피자는 그 의중을 이해할 수가 없네요. 온라인 피자 주문을 애용했는데, 어느 날 갑자기 이메일 인증을 하라면서 제대로 인증절차가 작동되지도 않더라고요. 그래서 이 사실을 알리려고 웹마스터에게 이메일을 썼더니 그대로 전달되지 못하고 되돌아왔습니다. 한국 도미노피자는 아직 웹사이트를 주문만 받는 곳으로 생각하는지, 고객과의 의사소통 도구로서는 부족해 보이는 점이 많아 안타깝습니다. 그래도 요지는 도미노피자는 우월한 서비스와 변함없이 압도적인 기본 레시피를 가지고 있기에 지금까지 보여준 약간의 가격상승 정도는 감내할 용의가 있다는 것이죠.

6. Socrates & CRM Q83 : 수많은 고객들 중에는 지나친 서비스를 요구하거나 거친 매너로 직원들에게 상처를 주거나 AS 정책을 악용하여 회사에 지속적 손실을 유발하는 고객들도 있다. 이러한 고객들과의 관계를 원만하게(^^) 처리/정리할 수 있는 방안은? 6:24 PM Aug 26th via TwitBird

^^ RT @leekangy 신용카드에 관심이 많아 이런 류의 고객들(극단적 체리 피커들)을 자주 보는데, 카드회사에서도 블랙리스트^^로 관리하더군요. 이런 고객들은 과거 행적(?)을 살짝 들춰내주면서 상담하면 오히려 전투력이 약해진다고 합니다. 7:55 AM Aug 27th via TwitBird in reply to leekangy

Yes! ^^ RT @dudtnrgks 개별관리가 필요. 베테랑직원이 응대. 어쩔 수 없이 요구를 들어주는 게 아니고 자사의 정책과 한계를 설정하여 모든 직원이 일관되게 응대해주고 고객의 고집과 무리함이 문제임을 본인도 인지할 수 있게 하여 재발 방지. 3:54 PM Aug 27th via TwitBird in reply to dudtnrgks

7. Socrates & CRM Q87 : 동네 미장원이나 카센터에서 단골고객들의 편의를 위하여 (동시에 자사에 대한 lock-in 목적으로) 제공할 수 있는 개인화된 서비스는? 12:09 PM Aug 31st via TwitBird

Good start!! ^^ RT @ryugaram 고객얼굴과 이름을 기억해 친밀도 높이고, 단골의 소개를 받아 방문한 신규고객과 해당 단골에게는 작은 보상(야쿠르트 등)을 '티 나지 않게' 제공하는 등 가게를 지역 커뮤니티로 만들겠습니다. 4:54 PM Aug 31st via TwitBird in reply to ryugaram

Good idea! ^^ RT @arim1004 미장원 : 전에 자른 머리를 사진을 찍어둬서 나만의 앨범을 만들어주면 언제 왔었는지 언제 했던 머리가 예뻤다든지 할 수 있을 거 같아요. 더불어 비슷한 스탈이나 추천해줄 만한 스탈도 스크랩해주고요. 4:55 PM Aug 31st via TwitBird in reply to arim1004

Excellent! ^^ RT @bluempathy 히스토리 관리, 주기적 알림(추천 정비일 예약할인, 추천 유행스타일 할인), 커뮤니티(부녀회 야유회, 카클럽 로드런), 적립 포인트(무료 드라이, 세차 등), 기념일 혜택, 가족 할인, 예약 시 영업시간 연장. 4:58 PM Aug 31st via TwitBird in reply to bluempathy

Good! RT @Zzuuuuuuu Q.87 '동네'=개인, 소소함, 情 / 1) 찾아가는 SVC : 방문수리 혹은 차량 가져와서 수리하고 수리 후 갖다주기, 미용실은 출장커팅 등. 2) 주민 마일리지 적립 - 이하 다른 분들 아이디어와 겹쳐 생략. ^^ 5:07 PM Aug 31st via TwitBird in reply to Zzuuuuuuu

제게도 옵니다. 3주마다, "김 교수님, 커트하실 때 되셨어요!" 저희 미장원이 개인화가 좀 앞선 것 같지요? ^^ RT @kerenice 제가 가는 미용실은 3개월마다 문자가 옵니다. "예쁘게 머리하실 때가 되셨어요." 5:15 PM Aug 31st via TwitBird in reply to kerenice

8. Socrates & CRM Q88 : B2B 영업을 주로 하는 여행사, 렌터카, IT서비스 회사들이 고객사의 편의를 위해 (+ 자사 lock-in) 제공할 수 있는 customized 서비스는? 5:23 PM Aug 31st via TwitBird

Good! RT @blackfeather6 거래사 별 담당직원을 제공하여 반복되는 거래에서 조건 및 상황을 다시 처음부터 협의해야 하는 불편함을 없애고, 거래처 별 비공개 특수계약을 하는 방법도 괜찮을 것 같습니다. 6:16 PM Aug 31st via TwitBird in reply to blackfeather6

Good! RT @LuxferreJ 'CRM88' 여행사, 렌터카, 숙박업소, IT서비스(기기대여, 무선데이터 이용권) 등 관련 통합 패키지서비스 제공(각 항목별 업체 선택에 따라 비용차등. 단, 개별 예약의 합계보다 저렴할 것), 웨딩 업체의 금액별 패키지 판매방식 참조. 12:07 PM Sep 1st via TwitBird in reply to LuxferreJ

9. Socrates & CRM Q91 : CRM은커녕 곰탕 날계란도 따로 돈 받거나(하동관) 고객을 엄청 기다리게 만들거나(인사동 부산집) 심지어 고객들에게 욕을 퍼부어도(MB 욕쟁이할머니 포장마차 식당) 잘나가는 식당들 많다. CRM 무용론? 비결? 3:02 PM Sep 3rd via TwitBird

Good! But? ^^ RT @bluempathy 하동관 고객연령층 높아지고, 매출 정체. 욕쟁이할머니 포차는 이미 파리 훨훨~ 모든 것 근본은 고객이고 고객은 변함. 대상으로서의 고객도 변하니 함께 변화하는 CRM 개념이 없다면 OUT! 3:46 PM Sep 3rd via TwitBird

Agree! RT @102isu 문제는 고객가치를 극대화하는 것임. 가치제공 방법은 핵심서비스와 부가서비스를 통해 고객 니즈를 충족시키는 것. 요식업은 맛이 핵심서비스. 향수, 추억도 중요한 부가서비스의 하나. 단골고객화 전략은 중요한 CRM의 하나. 3:48 PM Sep 3rd via TwitBird

RT @bluempathy 브랜드는 긍정적 WoM으로 신규고객의 방문이 지속할 때 유지됩니다. 하동관은 세대를 뛰어넘는 WoM에 실패했고, 욕쟁이할머니는 부정적인 WoM에 무너졌습니다. 비 오는 날의 파전 같은 전통적 또는 참신한 스토리텔링도 없고요. 3:53 PM Sep 3rd via TwitBird

^^! RT @highersun 값비싼 명품가방을 사고도 즐거운 건 브랜드의 '가치'를 인정하기 때문. 날계란, 기다림, 욕은 맛집을 맛집답게 만드는 '가치'가 아닐는지요. 5:24 PM Sep 3rd via TwitBird

Excellent! ^^ **RT @Coolluck2U** 탁월한 제품에 대한 고객의 인지 가치와 경험, 즉 유명 식당의 고유한 경험(CEM)의 긍정적 WoM 확산이므로 CRM 유효. CRM도 고객경험의 확산이 중요. CEM+고객관계 유지노력/서비스 접목 필요. 5:25 PM Sep 3rd via TwitBird

Yes! ^^ **RT @Zzuuuuuuu** 핵심은 CRM이 고객 비위 맞추기가 아니다- 입니다. CRM의 핵심은 '브랜드에 대해 고객이 원하는 가치를 발전적으로 지속시키는 것.' '욕'의 가치는 카타르시스이고 '욕'이 '욕'에 머무르면 쇠퇴. 현상 아닌 가치의 발전이 필요. ^^ 10:52 AM Sep 4th via TwitBird

10. Socrates & CRM Q92 : 지난 번 문제처럼 고객이 우리 조직과의 접점에서 느끼는 경험을 잘 이해하고 관리/개선해나가는 것(CEM)은 매우 중요하다. 혹자는 CRM 다음은 CEM이라고도 주장한다. Do you agree? If not, why? 11:09 AM Sep 6th via TwitBird

Yes! ^^ **RT @arim1004** CRM이나 CEM이나 같은 맥락. 고객경험이 무시되는 CRM이란 무의미할 테니까 새로운 말 만들기 좋아하는 사람들이 만든 말 같아요. 고객만족이나 고객감동이나 어떤 것이 더 상위냐 하는 것이 별 의미 없는 것처럼요. 2:11 PM Sep 6th via TwitBird

Absolutely! ^^ **RT @seouljin** 고객과의 관계를 유지/강화시키는 것이 CRM의 궁극적 목표라면, CEM은 그 과정을 어떻게 관리하느냐 하는 과정 혹은 방법. 때문에 다음 순서가 아닌 CRM을 잘하기 위한 요건 중 하나가 아닐까요? 2:14 PM Sep 6th via TwitBird

Agree! ^^ **RT @teresa_kim** Disagree! CRM이 그저 data 분석작업 정도로 오인되어 제대로 구현하지 못한 '고객만족을 위한 기업의 진정한 배려'가 '고객체험' 중심으로 구체화되어 나타난 것일 뿐임. 본질을 볼 수 있어야! 2:19 PM Sep 6th via TwitBird

Great! **RT @lkwiseok** A92 관리할 대상을 관계라는 모호함에서 경험으로 구체화한 개념이 CEM이라 판단됩니다. 눈에 보이고 개선할 수 있는 접점관리 강화를 통해 CRM 잘하기~! 따라서 CEM은 진화개념보다 CRM의 수단 아닐까요? 6:09 PM Sep 6th via TwitBird

Agree! **RT @bluempathy** CRM이 기업 목적달성을 위한 내부시스템 투자에 중점을 두는 것에 반발해, 고객의 경험과 감정에 초점을 맞추는 고객지향적 사고가 우선임을 강조한 것이 CEM. 매출 중심의 왜곡된 CRM의 정상화를 위한 뉴 캐치프레이즈! 6:12 PM Sep 6th via TwitBird

11. Socrates & CRM Q94 : 트위터 같은 SNS와 Foursquare 같은 위치기반서비스(LBS) 등을 활용할 경우 기업들의 CRM 전략, 활동영역, 대상고객, 적용방식, 채널 등이 크게 변화할 것이다. 긍정적 기회들은? 부정적 우려사항들은? 11 : 46 AM Sep 7th via TwitBird

Good! ^^ RT @Coolluck2U 'Q94' 기업중심(구매/프로필 data) 1대 N 관계→고객활동, 관계중심 소셜 N대N 관계 전략 필요. 1) Pros : 고객 직접 연결고리 및 즉시성, 관계확산 기회. 2) Cons : 부정적 WoM/멀티 접점 관리 어려움. 3 : 14 PM Sep 7th via TwitBird

Good! RT @seouljin 장점 : 인구통계학적 데이터를 넘어 라이프 스타일에 대한 좀 더 풍부한 정보 확보→정교한 타기팅이 가능, 구매량/빈도가 아닌 구매동기 및 만족도 파악 가능. 시의성 있는 대응 가능. 단점 : 부정적 구전 확산 속도와 방대한 데이터 처리. 3 : 18 PM Sep 7th via TwitBird

Yes! ^^ RT @LuxferreJ 매장 인근 고객에게 알림 메시지 발송, SNS를 이용한 VOC 접수 및 조치안내, 이벤트 발생 시 등 고객별 니즈에 맞춘 개인화 targeting 가능, 부정적으로는 정도/빈도에 따른 고객거부감 발생 우려(감시당하는 느낌 등⋯). 3 : 21 PM Sep 7th via TwitBird

Yes, indeed! RT @Lucida_m LBS 기반으로 이벤트 및 고객관리는 새로운 기회. SNS 기반의 친근하고 즉각적인 방법도 강점. 단, 과도한 고객접촉은 프라이버시를 침해하는 빅 브라더로 보일 수 있음. 과도한 DM이 네거티브가 되는 것과 유사. 3:34 PM Sep 7th via TwitBird

Yes! RT @Zzuuuuuuu Q94. SNS/포스퀘어의 '즉각성' '진실성' 속성을 이용한 CRM은 긍정적 효과 획득 가능. 예를 들어 I'm at 트윗에 근처에서 받을 수 있는 혜택 올리기 등. 이때 진실성이 떨어지면 부정적 반응이 확산될 수도. 3:39 PM Sep 7th via TwitBird

Good! RT @kerenice 오프라인 업체들에게 새로운 기회, 기본적으로 고객 라이프스타일에 대한 새로운 통찰 습득. 특히 매장에 들르기만 하고 사지 않는 고객에 대한 정보 습득 가능! 그러나 개인정보나 사생활 침해 이슈 존재. 10:57 PM Sep 7th via TwitBird

---

12. Socrates & CRM Q96 : CRM 세 글자 중 R과 M의 위치를 바꾸어 CMR(Customer Managed Relationship)으로 하면 어떤 변화가 생길까요? 이런 변화는 고객이나 기업에 바람직할까요? 주변의 사례는? 11:51 AM Sep 9th via TwitBird

RT @Fri1013 CRM 고도화되면 CMR로 가게 될 것 같네요. 실제 고객 대면 channel이 증대됨에 따라 일관된 메시지 전달과 소통을 해야 하는데, 갈수록 채널의 다양성 및 복잡성으로 인해 고객 스스로 관계관리에 기여하는 것이 필요할 듯. 5:59 PM Sep 9th via TwitBird

핵심은 How to create CMR 모티베이션? RT @blackfeather6 기업이 고객관계 유지에 소요하는 자원의 일부를 고객이 분담한다는 점에서 바람직하겠으나, 과연 서비스를 받는 입장인 고객이 그렇게 적극적으로 관계유지를 할까요? 12:42 AM Sep 10th via TwitBird

CRM issue

그들은 왜 당신을 떠났는가?

여러 기업의 CRM 현황을 진단하다 보면 탁월한 성공사례도 보지만, 때로는 어이없을 정도로 실망스러운 상황도 맞닥뜨리게 된다. 신규고객 창출에 열중하는 나머지, 정작 기존고객들이 이탈하는 데는 손 놓고 있는 경우다. CRM 관점에서 가장 불쌍한(혹은 불행한) 3가지 유형의 기업들이 있다. 첫째는 자사의 핵심고객들이 이탈하고 있는데도 모른 채 방치하고 있는 기업이다. 둘째는 자사 핵심고객들이 이탈하는 것은 알지만, 왜 떠나는지 원인은 모르는 기업이다. 셋째, 핵심고객이 이탈하는 것도 알고 그 원인도 파악했지만, 그들을 붙잡거나 다시 돌아오게 할 능력이 없는 회사다. 혹시 여러분이 몸담은 기업이 이러한 유형에 속하지는 않는가? 아래 내용을 보며 점검해보기 바란다.

'눈뜬장님'형 기업

핵심고객이 빠져나가는데도 알아채지 못하는 기업들이 의외로 많이 있다. 그 이유는 크게 두 가지다.

첫째, 핵심고객에 대한 정의가 없거나 잘못돼 있는 경우다. '모든 고객은 왕이다'라는 슬로건 하에 전체 고객을 대상으로 획일적인 고객관리 전략을 수립해 실행하는 기업이라면 핵심고객이 이탈하고 있는 건지, 아니면 '제발 떠나주었으면 좋을' 블랙리스트 고객이 떠나는지 구분할 방법이 없기 마련이다. 레이더는 있는데, 적군과 아군을 식별 못하는 것과 마찬가지다.

둘째, 고객이탈을 예측하거나 발견하는 방식에 문제가 있는 기업이다. 다시 말해 레이더는 있는데, 고장이거나 오작동 중인 셈이다.

예를 들어보자. 어느 백화점에서 이탈고객을 '지난 6개월간 구매가 없었던 고객'으로 정의했다고 하자. 그러면 지난 6월에 마지막 구매를 한 고객A는 11월 현재 시점에서 '활성화 고객'으로 분류될 것이다(아직 6개월이 안 지났으니까). 반면 4월에 마지막 구매를 한 고객B는 '이탈고객'으로 분류될 것이다(6개월이 지났으니까).

그러나 이런 분류가 과연 정확한 것일까? 예를 들어 A고객과 B고객의 구매주기가 다르다고 하자. 즉 고객A는 평균 2개월에 한 번씩 구매를 하는 반면, 고객B는 8개월에 한 번씩 구매를 한다고 하자. 그렇다면 고객A는 본인의 구매주기가 두 번이나 찾아왔는데도 구매를 하지 않았으니 이탈고객으로 분류하는 게 맞다. 그런데도 그는 아까의 기준으로라면 활성화 고객으로 분류되고 만다. 또한 고객B는 아직 본인의 구매주기(12월)가 돌아오지 않았으니 구매의 가능성이 있고 당연히 활성화 고객으로 분류해야 하는데도 이탈상태로 분류돼버린다.

이러한 오류는 고객 개인별 구매성향과 무관하게 이탈고객 관리 기준을 일률적으로 정한 데서 비롯된 것이다.

'떠날 때는 말없이'형 기업

핵심고객이 이탈한 것은 파악했지만, 왜 이탈했는지 모르는 기업들 또한 무수히 많다. 이유는 역시 두 가지일 것이다.

첫째, 오랜 기간 거래하던 기업을 떠나면서 자신이 왜 떠나는지를 정확하게 '고백'하는 고객들은 거의 없기 때문이다.

이동통신사를 바꾸면서 해지 사유란에 "경쟁사에서 휴대폰 보조금을 1만 원 더 주기 때문에 옮깁니다."라고 쓸 가입자가 얼마나 있을까? 기업 간 B2B 거래 또한 마찬가지다. "새로 오신 사장님의 처남이 경쟁사 임원이라서 어쩔 수 없이 거래처를 바꾸게 되었습니다."라고 이야기하는 고객이 있을까?

둘째, 기업 스스로 핵심고객의 이탈원인을 파악하는 데 무심하기 때문이다.

내가 5년 이상 다니다 2년 전 발길을 끊은 동네 미장원, 10년 이상 사용하다가 1년 전 옮긴 이동통신사, 6개월 전에 구독해지 한 어느 일간지(그 회사 영화잡지도 10년째 구독 중이니 꽤 충성고객인 셈이다), 그 어느 곳으로부터도 왜 해지했는지 전화 한 통, 이메일 하나 받은 기억이 없다. 짐작하건대 모두들 신규고객을 확보하느라 너무 분주해서 항아리 밑으로 소리 없이 새나가는 기존 고객들까지 챙길 여유는 없는 것이 아닐까?

'속수무책'형 기업

핵심고객들이 왜 떠나는지를 알고도 붙잡을 방안이 막막한 회사들 또한 적지 않다. 이런 기업들의 특징은 제품의 품질이나 디자인, 가격, 서비스 등 고객들이 중요하게 생각하는 가치 속성들에서 경쟁사에 현격하게 밀렸거나, 고객과의 관계에서 결정적인 실수를 저지른 경우다.

전자의 경우는 아이폰이 미국에서 출시되고 2년 이상의 시간이 있었음에도 제때 대응하지 못해 고전 중인 국내 휴대폰 제조사들이나 이동통신사들을 들 수 있겠다.

후자의 예로는 고객들이 계속 클레임을 제기하는데도 무심한 반응을 보이다가 기록적인 자사 차량 리콜의 수모를 당한 도요타나, 7.5% 확정금리형 개인연금에 가입한 고객들을 변액보험이나 종신보험 등 변동금리형 신상품으로 갈아타게 하려고 수만 명의 설계사들을 동원해 전국적인 캠페인을 벌이다 당국에 적발된 생명보험사들을 들 수 있겠다.

혹자는 고객이란 '언제든지 당신의 기업을 떠날 준비가 되어 있는 사람'이라고 정의한다. 혹시 여러분의 기업이 불행하게도 위의 3가지 유형 중 하나에 속한다면 당장 오늘부터라도 다음 사항들을 체크해보기 바란다.

우리는 핵심고객을 제대로 정의하고 파악하고 있는가? 우리의 핵심고객 중 이탈 가능성이 큰 고객은 누구인가? 그들은 왜 이탈하려고 하는가? 그들의 이탈을 막을 수 있을까? 혹시 막을 수 없다면 나중에라도 돌아올 마음이 생길 정도로 감동적인 이별절차는 무엇일까?

떠나는 고객은 말이 없더라도 보내는 기업들은 말을 해야 한다. "실망시켜드려 미안하다."라고. 그리고 이 말도 잊지 말자. "그간의 사랑에 감사하다."고, "꼭 다시 모실 수 있기를 희망한다."고.

(원문 : "고객은 말없이 떠나도 보내는 기업은 말해야", 조선일보 Weekly Biz, 2010년 11월 20일자.)

10

CRM Implementation Strategies

CRM 실행전략 :
신바람 나는 CRM의 필요조건은?

CRM Implementation Strategies

1. Socrates & CRM Q51 : CRM 고수(best practice) 기업의 특징을 고객 세그먼테이션 및 세그먼트 별 관리수준의 관점에서 설명해보시오. (cf : Capital One, Tesco, Harrah's Casino) 10:34 AM Jul 28th via TwitBird

Yes! **RT @LeapOfChange** Bottom Feeding 아티클 : 수익성 없는 고객층이란 없다, 다만 수익성 없는 사업모델만이 있을 뿐이다. 비즈니스 모델은 특정 segment에 집중하고 각각에서 독자적인 프로세스와 시스템을 갖추어야… 1:56 PM Jul 28th via TwitBird in reply to LeapOfChange

F. 라이켈트《1등 기업의 법칙》(청림출판 2006) 추천 드립니다. **RT**

@Fri1013 NPS 결과물에 따라 적극 추천자수를 늘리기 위한 주요 action 등 벤치마킹할 수 있는 사례들이 있을까요? (컨버스 CRM팀장 올림) 2:03 PM Jul 28th via TwitBird in reply to Fri1013

Very Good! RT @bluempathy 인구통계학, 선호도, 구매이력에 가중치를 부여 다중 매트릭스로 개별고객 레벨에 근접하도록 세그먼트하여, 최적 시기/가격/상품이 고객과 match되도록 1to1 mktg 수행. 상당한 시간과 도입비용 소요. 6:21 PM Jul 28th via TwitBird in reply to bluempathy

Good! RT @CJDREAM 테스코는 지역, 소득, 나이, 직업 분류해서 쿠폰이나 배달서비스 등 다양한 마케팅 전개. 각 계층에 알맞은 전략이 성공의 핵심. 모집단에서 공통점을 찾아서 얼마나 세밀하게 분류할 수 있는가가 중요한 것 같습니다. 6:29 PM Jul 28th via TwitBird in reply to CJDREAM

Very, very true! ^^ RT @CJDREAM 과거 CRM 우수기업들이 꼭 성공을 지속하는 것 같지는 않습니다. 기업의 기본적 경쟁력이 바탕이 돼야 CRM이 날개가 되는 것이지 날개만 화려하고 몸통이 따로 놀거나 빈약해지면 안 되는 것 같습니다. 6:38 PM Jul 28th via TwitBird in reply to CJDREAM

2. Socrates & CRM Q52 : CRM 고수기업의 특징을 고객획득 전략/프로세스(잠재고객 파악, 고객획득 방식, 획득비용, 획득채널 등) 관점에서 설명해보시오. 9:49 AM Jul 29th via TwitBird

Very good! RT @Zzuuuuuuu Q52. 잠재고객 : 단골고객 혹은 트렌드세터의 주변인들 / 획득방식 : 단골 & 트렌드세터에게 쿠폰 발송, 동행인(=잠재고객) 유도 / 획득비용 : 쿠폰 발행 – 처리비용 / 획득채널 : WOM(지인) & 온라인(쿠폰) 4:27 PM Jul 29th via TwitBird in reply to Zzuuuuuuu

CRM Q51 코멘트 : CRM 고수기업일수록 고객세분화가 정교하게 되어 있고, 각 세그먼트에 대한 심층분석 및 이해를 통해, 차별화된 가치제안 및 맞춤 제품/서비스/프로세스를 운영. (cf. 테스코는 연간 400만 종류의 고객 카탈로그 발송) 5:31 PM Jul 29th via TwitBird

Good! ^^ RT @bluempathy @dominomoi Q52 : 고객획득 : 제휴고객 DB, 고객 추천, 타깃 초대 행사, 온라인 Buzz. 획득비용 : 제휴 DB 사용료, 프로모션 비용. 획득채널 : 제휴사, 기존고객, VIP 타깃 세일즈, 온라인. 10:43 AM Jul 30th via TwitBird in reply to bluempathy

CRM Q52 코멘트 : CRM 잘하는 기업일수록 NPS가 높고 따라서 광고보다는 베스트 고객이 자신과 유사한 베스트 신규고객을 추천하는 '유유상종' 고객획득 비중이 매우 높다. 이런 회사들의 특징은 높은 성장률과 수익률 대비 현저히 낮은 마케팅 비용 지출. 10:57 AM Jul 30th via TwitBird

---

3. Socrates & CRM Q73 : 기업의 CRM 담당자들이 고객과의 소통 관련 엔씨소프트, 넥슨 등 온라인 게임회사들의 게임개발 과정으로부터 배울 수 있는 베스트 프랙티스는? 9:16 AM Aug 19th via TwitBird

---

네, 맞습니다. 그런데 대부분 회사의 마케팅 담당자들도 자사 제품의 '단골 소비자' 아닐까요? ^^ **RT @minspang** 많은 게임개발자 분들이 열성 게이머죠. 마케팅 담당자들이 그 제품의 열렬한 소비자라면? :) 10:04 AM Aug 19th via TwitBird in reply to minspang

Yes, 열린 혁신의 모델! **RT @Coolluck2U** 'Q73' 개발 내내 고객 feedback/요구사항 반영의 interaction - preproduction→ prototyping→beta testing→open→지속적 update. 12:41 PM Aug 19th via TwitBird in reply to Coolluck2U

네, 맞습니다. ^^RT @pasion1023 closed 베타테스트 등을 통해 고객들에게 미리 서비스를 확인하고, 참여할 수 있는 기회를 제공하고, 고객들의 의견을 적극 반영하여, 서비스의 완성도를 높여간다는 점이 아닐까요? 5:03 PM Aug 19th via TwitBird in reply to pasion1023

CRM Q73 코멘트 : 온라인 게임회사들은 GM(game master)라는 온라인 고객 커뮤니티 리더들을 통하여 거의 실시간으로 자사 신제품이나 기존 제품의 문제점이나 개선 아이디어를 흡수→지속적 반영함으로써 고객과의 '열린 혁신 생태계' 가동 중. 10:22 PM Aug 19th via TwitBird

4. Socrates & CRM Q82 : 강원랜드 카지노 객장 전체 금연지역 지정, 2003년부터 객장 내 주류판매 금지, 시계/거울 설치 등 전세계 카지노업계의 관행과 상치되는 경영전략 채택→지금 큰 실수를 하고 있는 걸까요? 아니라면? 10:31 AM Aug 26th via TwitBird

RT @CJDREAM 강원랜드가 지금 주 수익원은 카지노지만 스키장을 비롯한 많은 여가시설을 통해 수입을 다양화해야 할 듯. 궁극적으로는 카지노가 가진 리조트가 아니라 리조트 포함 부대시설로 카지노가 돼야 하기 때문에 올바른 선택입니다. 3:24 PM Aug 26th via TwitBird in reply to CJDREAM

Yes! ^^ RT @leekangy 말씀하신 강원랜드의 차별화된 전략은 기존의 술/도박/폭력 등으로 불건전하고 뭔가 찜찜했던 카지노에 대한 옛 이미지를 보다 건전하고 안전하게 즐길 수 있는 놀이로 바꿀 수 있지 않을까요? 3:27 PM Aug 26th via TwitBird in reply to leekangy

^^ RT @jeinyou 강원랜드 카지노가 기존 관행대로의 글로벌스탠더드를 기대하기란 어려울 듯. 공식적으로는 내-외국인 출입가능 카지노이지만, 지난주 직접 방문해본 바에 의하면, 외국인은 찾아볼 수 없었고, 내국인 죽돌이(?)들이 대부분. 3:29 PM Aug 26th via TwitBird in reply to jeinyou

CRM Q82 코멘트 : 강원랜드는 단기적 매출 손해보더라도 미래 성장 및 지속가능 경영을 위해 사업구조 및 고객 포트폴리오 개편 중. 스키장, 리조트 시설 투자 통해 가산탕진형 도박중독자가 아닌 관광, 여가, 비즈니스, 가족여행 등으로 고객다변화. 5:38 PM Aug 26th via TwitBird

5. Socrates & CRM Q84 : 기업에서 CRM 마스터플랜을 수립할 때는 1) 내외부 환경분석 2) 현황진단 3) 비전/목표/전략수립 4) 인프라설계 5) 실행계획 수립과정을 거친다. 1단계는 skip하고

2단계 현황진단의 대상 및 주요활동은? 9 : 26 AM Aug 27th via TwitBird

CRM Q84 코멘트 : 진단대상 – 1)고객 포트폴리오(세그먼테이션, 핵심고객, 자산가치) 2) 고객 데이터 관리 3) 인터랙션 채널(CIC) 관리 4) CRM 프로세스(획득, 유지, 강화) 관리 5) CRM 시스템 infra 6) CRM 조직 및 통제. 7 : 11 PM Aug 27th via TwitBird

6. Socrates & CRM Q90 : 조직 구성원들에게 고객중심 경영 마인드를 심어주기 위한 효과적인 교육/학습 방안은? (대학교수 초청 일회성 특강 제외! ^^) 10 : 26 AM Sep 2nd via TwitBird

Yes! RT @ryugaram 고객중심만의 활동은 구성원을 지치게 하기에, 경영진은 구성원 각자가 회사의 가장 중요한 고객이라 인식할 수 있는 문화를 만들어야 합니다. (MBWA, 격려 이메일, 출근 인사, 고충 처리 등) 11 : 10 AM Sep 2nd via TwitBird

RT @hoya29 동감합니다. 실무적 경험에서 보면 외부고객을 위하려면 먼저 내부고객을 위해야 효과가 높더군요. 직원들에게 주인의식을 가지라고 강조하기보다 먼저 주인으로 대접하는 게 중요하다고 봐요. 10 : 40 AM Sep 2nd via web in reply to dominomoi Retweeted by you

Good! ^^ RT @Lucida_m (Q90) 프런트/백오피스의 업무교환을 통해 백오피스는 고객 직접 만나고 프런트 오피스는 자신의 경험을 나누고 CRM 기획을 같이 합니다. 단, 대규모로 실행하기 어려워서 결과 홍보를 적극적으로 해야 합니다. 11:21 AM Sep 2nd via TwitBird

RT @highersun 고객불편/만족사항/설문조사 상시 ERP 게재하여 공유. 자발적인 사내 스터디모임, 사내벤처 지원. 10:49 AM Sep 2nd via web in reply to dominomoi Retweeted by you

Good! ^^ RT @LuxferreJ 1단계 – CRM 교육 및 제도 도입, 2단계 – 지속적 사내 캠페인 및 사례 수집, 3단계 – 우수사례 발표 및 시상, 경험자가 같은 조직 소속으로 동질감 느끼기 쉬우며 해당사례 고객반응 간접체험(사례 재구성, 롤플레이 등), 가랑비에 옷 젖듯 반복이 중요. 11:29 AM Sep 2nd via TwitBird

Very good! RT @arim1004 대부분 고객을 직접 상대하는 직원은 계약직 일용직 파견직 용역인 경우가 많습니다. 이들에게 주인의식을 심어주기 위해 세심한 배려가 필요합니다. 유니폼의 질이나 휴가, 명절선물 차별 안 하기, 휴식공간 마련하기 등. 11:31 AM Sep 2nd via TwitBird

7. Socrates & CRM Q93 : 새롭게 CRM 조직을 만들려 하는 A 기업 사장님은 이 부서를 마케팅 소속으로 할지, 영업에 둘지, IT투자가 많으니 CIO 밑에 둘지, 아니면 아예 사장직속 혁신부서같이 운영해야 할지 고민이다. 여러분의 생각은? 6:36 PM Sep 6th via TwitBird

마케팅 한 표! ^^ RT **@daepali** 마케팅에 두는 것이 전략수립과 실행력 제고에 도움이 될 것 같습니다. 6:47 PM Sep 6th via TwitBird

영업 한 표! ^^ RT **@onnurilim** 신뢰를 바탕으로 한 지속적인 관계를 위해서는 고객과의 접점인 영업부에 두어야 된다고 생각합니다. 7:59 PM Sep 6th via TwitBird

사장직속도 한 표! ^^ RT **@arim1004** 사장직속이 좋을 것 같아요. 어느 한쪽 밑에 두면 그 분야에서만 활용할 가능성이 크기 때문에 사장직속으로 두고 전사적으로 CRM을 적극 활용하도록 해야 할 듯 합니다. 8:01 PM Sep 6th via TwitBird

마케팅 두 표! ^^ RT **@kerenice** 당연히 마케팅부서에 두어야 한다고 생각합니다. 대 고객 커뮤니케이션이란 측면에서도 그렇고 프로모션과도 연관되고요. 메시지의 통일성을 위해서도요. 8:02 PM Sep 6th via TwitBird

Convincing! ^^ RT @lovepersons 처음이기에 사장직속 부서가 맞다고 생각합니다. 고객관리이기에 그만큼 경영자의 귀에 신속히 전달되어야 하는 부서라는 생각이 듭니다. 안정화가 되면 따로 독립을 시키든 다른 부서로 편입을 시켜도 될 듯! 8:16 PM Sep 6th via TwitBird

현실적! ^^ RT @teresa_kim 마케팅 소속으로 하는 것이 전략적 접근과 실효적 방향 수립에 도움이 될 듯. 다만 기존 마케팅 부서 HEAD의 역량과 기업 내 영향력이 충분히 높지 않을 경우, 사장님께서 당분간 마케팅 부서와 긴밀한 소통을!! 8:20 PM Sep 6th via TwitBird

Too many bosses? RT @blackfeather6 제가 A기업 사장이라면, 빠른 대응을 위해 사장직속으로 부서를 만들고, 매트릭스 조직을 활용해 기능에 따라 마케팅/영업/IT 부서장의 지시와 조언을 모두 받도록 하겠습니다. 8:34 PM Sep 6th via TwitBird

그럼 사장님은 지휘자 겸 작곡가? ^^ RT @iphone798 사장 작곡의 마케팅영업 통합부서를 만드는 건 어떨까요? ㅎ 8:39 PM Sep 6th via TwitBird

마지막 문장 당첨! RT @raychae1 보통 CRM은 마케팅에서 많이 하지만… 시장을 몸으로 부딪치는 일선인 영업부서가 하는 게 어떨까요? 이론보다 실전 체험을 바탕으로 효율적인 방향을 제시할 수 있을 듯… 무엇보다 젤 참여 안 하는 영업을 움직일 수 있을 듯. 9:46 PM Sep 6th via TwitBird

^^ RT @Zzuuuuuuu ㅎㅎ CEO를 꿈꾸고 있는 저로서는 CRM 부서 직속으로 두되, CRM 부서에 꽤 좋은 권한을 주고, 대신 즉각 대응 결과 및 관련 부서 반응 보고를 CRM 부서와 관련 부서에서 따로 받도록 하겠습니다. ^^ 10:56 PM Sep 6th via TwitBird

답변은 다음 트윗 RT @youngduck2052 질문이 제가 고민하고 있는 것 중 하나입니다. 저희는 사장님 직속의 고객전략본부를 만들어 현장의 생소리를 듣고, 영업에 필요한 뉴 비즈니스 모델을 만들고자 벙커조직을 만들려고 합니다(던험비 모델). 맞는지요? 11:41 PM Sep 6th via TwitBird

던험비 모델은 컨설팅사인 던험비를 중심으로 유통사와 공급사 간 고객 인사이트를 공유하자는 취지. 일종의 PRM이며 월마트나 국내 CJ오쇼핑 등은 자체적으로 수행 중. 사장직속이라도 벙커보다는 보다 투명한 관제탑이 어떨지요? ^^ 11:54 PM Sep 6th via TwitBird in reply to youngduck2052

Good point! ^^ **RT @Lucida_m** CRM 초기에는 예산도 많이 들고, account를 공개하는 세일즈, 시각차가 있는 마케팅의 반발이 예상되어 사장직속으로 안정화가 필요할 듯합니다. 추후 산업/기업 특성에 따라 재배치 가능할 듯. 12:01 AM Sep 7th via TwitBird

8. Socrates & CRM Q95 : 다양한 의견을 참고한 뒤 A기업 사장은 사장직속으로 CRM실을 만들고 IT팀과 프로세스 혁신(PI)팀을 거치며 여러 현업부서와 협업경험이 있는 H팀장을 실장으로 임명했다. H실장은 CRM실에 어떤 사람들을 뽑아야 할까요? 8:43 AM Sep 8th via TwitBird

^^ **RT @highersun** Q95. CRM 데이터로 회사가 원하는 자료를 재빨리 만들어내는 눈치 빠른 분석가 / 각 부서와의 눈높이에 맞춘 커뮤니케이션에 능한 마당발 설계자 / 적당히 현업부서의 요구사항을 커트할 수 있는 카리스마 관리자. 6:45 PM Sep 8th via TwitBird

회계나 감사 경력자? **RT @CJDREAM** 회계팀 & 감사팀, 마케팅, 매장관리팀, 전산팀, 제품개발팀에서 각 분야 3년차 이상이면 되는데요. 전산, 감사팀은 객관성 있고 기업 전체를 보고, 마케팅, 매장은 고객입장에서 보고, 제품 직접 파악은 개발팀이죠. 7:10 PM Sep

8th via TwitBird@blackfeather6

영업부 출신 OK! ^^ 9:35 PM Sep 8th via TwitBird in reply to blackfeather6
저는 여전히 CRM실은 회사 전반적인 분야에 대해 고객의 요구에 대응하고 관계를 지속시키는 것이 기본 임무라고 생각하기 때문에 일단 실무자들은 고객과 접촉한 경험이 많은 영업부 출신을 배치하되 다양한 부서에서 파견을 받겠습니다.

RT **@Lucida_m** Q95 : 팀장의 고객 대면 경험이 부족해 보이므로 매장 점장, 직원, 마케팅, 본사 세일즈 → 3부서 모두 고객 관련 부서. 매장 직원은 고객기반 전략 및 CRM 확산, 마케팅/세일즈는 CRM 전략을 추진하고 전사적 CRM 전파함. 11:40 AM Sep 9th via TwitBird

9. Socrates & CRM Q97 : A기업 CRM실을 맡게 된 H실장은 조직구성을 마친 뒤 다음 달부터 매달 사장님 이하 모든 임원들과 마케팅/영업부문 팀장들이 참석하는 고객만족 전략위원회를 주관한다. 첫 미팅에서 H실장이 발표해야 할 내용을 추천한다면? 9:21 AM Sep 10th via TwitBird

10. Socrates & CRM Q98 : 첫 CS전략위원회에서 H실장이 핵심고객 관리현황 진단결과와 자사 각 제품군 별 NPS를 발표하자 사장님과 몇몇 임원들은 큰 관심을 보였으나 현업 팀장들의 반응은 시큰둥하다. 무엇이 잘못되었을까? 1:42 PM Sep 10th via TwitBird

Maybe! ^^ **RT @zsx1857** NPS는 단순 결과수치보다는 후속조치 계획을 통해 각 기능별 조직들이 참여해야 성과로 이어질 수 있는 전사적 프로젝트라는 것! 그걸 인지시키지 못한 것 아닐까요? 4:40 PM Sep 10th via TwitBird

Good! **RT @blackfeather6** 'A97' 첫 미팅이니만큼 현재 A기업의 CRM 현황과 개선해야 할 점, CRM실과 마케팅/영업부가 긴밀한 업무관계와 커뮤니케이션을 유지해야 하는 필요성을 설명한 뒤, 타 부서 팀장들의 의견을 수렴. 6:29 PM Sep 10th via TwitBird

Could be! ^^ **RT @lkwiseok** A98 : NPS 점수와 더불어 불만 VOC로부터 도출된 insight와 구체적인 과제—특히 현업 팀장 입장에서 개선 point—가 제시되지 못하면 현업 팀장들은 So what?의 느낌일 수 있겠습니다. 11:00 PM Sep 10th via TwitBird

Good! ^^ **RT @lkwiseok** A97) 첫 미팅에서는 참석임원/팀장들

과 아직 CRM에 대한 공감이 부족할 것이므로 A기업의 CRM vision, 위원회 운영방향을 발표하고 내부에서 발굴한 CRM의 성공과 실패 사례를 구체적으로 발표하면 좋을 듯. 10:17 PM Sep 11th via TwitBird

네, 이미 GE, 현대카드, 제일모직, 매일유업, 삼성화재 등 국내외 유수기업들이 적극 활용 중입니다. ^^ 9:13 PM Sep 12th via TwitBird in reply to xyxon NPS가 실무적으로 적용할 수 있을 정도로 다듬어져 있기는 한 건가요? 많은 분들이 말씀 주시지만… 잘 모르겠어서요. ^^

11. Socrates & CRM Q99 : A기업 CRM실을 지난 1년간 운영해온 H실장은 다음 달 CS전략위원회에서 그간의 CRM실 운영성과에 대해 보고해야 한다. 당신이 H실장이라면 어떠한 (정성적, 정량적) 성과지표들을 가지고 CRM 성과를 발표하겠는가? 10:42 AM Sep 13th via TwitBird

Good! ^^ RT @seouljin 연간 시장점유율, 성장률 등 기초자료 + 고객점유율, NPS, 교차판매율 같은 정량적 지표 + 1년간의 단기적 운영지표가 아닌 장기적인 가능성 확인 위해 고객만족도, 충성도, 재방문 의도에 대한 정성적 지표 함께 제시. ^^ 9:07 PM Sep 13th via TwitBird

Very good! ^^ RT @Sue_Marojumma 핵심 상품/서비스 NPS, VOC 응대율, CRM 시스템 ROI(고객충성도, 고객유지, 로열티 제고, 프로세스 개선에 시스템 투자비용이 미친 기여도), 핵심고객 증가율, 브랜드 호감도. 9:10 PM Sep 13th via TwitBird

스타와 팬클럽, 학교와 학부모 자원봉사, 교통방송과 모범기사 통신원? ^^ RT @Remnant_Thesha 답변이 매우 흥미롭습니다. 고객이 관계관리의 중요성을 깨닫고 자발적 혹은 주도적으로 관계를 맺으려는 예로는 무엇이 있을까요? 9:24 PM Sep 13th via TwitBird

CRM issue

고객 아는 지름길, IT 아닌 '프로세스'에 있다

한국IDC에 따르면 지난해(2009년) 국내 CRM 소프트웨어(SW) 시장은 210억 원 규모로 2001년에 비해 무려 40%가량 줄어든 것으로 나타났다. 반면 2001년 64억 달러 규모였던 세계 CRM SW 시장은 지난해 100억 달러를 돌파했다. 지난 10년간 세계 CRM 시장과 국내 시장이 극명한 대비를 보였다.

국내 CRM 시장은 과연 더 이상 주목할 필요가 없는 것일까. 이처럼 시장이 계속 위축되고 있다는 것은 CRM이 CIO들의 IT 혁신 우선순위에서 사라졌다는 것을 의미하는 것일까.

결론부터 얘기하면 시장조사 수치처럼 국내 CRM 솔루션 시장은 여전히 위축돼 있는 것이 사실이지만 CRM 프로젝트가 줄어들거나 기업 IT혁신 프로젝트의 우선순위에서 사라진 것은 아니다. 오히려 그동안 솔루션 도입 중심의 CRM 프로젝트에 대한 반성과 평가가 활발하게 일어나면서 '제대로 된' CRM 프로젝트를 해보자는 움직임이 본격화되고 있다.

최근 들어 활발하게 이뤄지고 있는 CRM 프로젝트들은 솔루션 도입보다 프로세스 개선에 중점을 두고 있다는 공통점이 있었다. 프로세스 개선에 실질적인 효과 중심의 접근방식이 확산될 경우, 앞으로 CRM 솔루션 도입도 다시 본격화될 가능성이 크다. 분석과 자동화를 위해서는 정보시스템 구축이 필수적이기 때문이다. CRM 솔루션 시장을 다시금 주목해야 할 이유다.

CRM 재구축, IT 아닌 프로세스에 초점

CRM 솔루션 시장의 위축에도 불구하고 최근 제조, 유통, 금융 등 산업 전반에 걸쳐 CRM 프로젝트가 활발하게 추진되고 있다. 2000년대 중반 이후 다른 애플리케이션에 비해 상대적으로 CIO의 관심사에서 멀어졌던 CRM이 최근 들어 다시금 주목받고 있는 것이다.

신세계 이마트, 롯데마트, 롯데홈쇼핑 등 주요 유통업체들이 올해 들어(2010년) CRM 프로젝트를 본격화했으며, 지난해 매일유업에 이어 패션업계의 제일모직, 코오롱 등도 CRM 프로젝트를 진행 중이다. 또 KT, 에버랜드 등 다양한 업종의 서비스기업이 곧 CRM 프로젝트를 시작할 예정이다.

주목할 점은 최근 CRM 프로젝트를 추진하는 기업들은 대규모 IT투자보다 인력과 프로세스, 데이터에 대한 투자를 우선시하고 있다는 공통점이 있다. 2000년대 초반까지만 해도 'CRM 프로젝트' 하면 대규모 솔루션 투자가 선행됐다. 이후 CRM 효과에 불신이 확산되면서 최근 몇 년간 CRM 솔루션 투자가 큰 폭으로 줄어들었다.

최근 다시 CRM에 관심을 보이는 기업들은 이미 구축한 CRM 관련 정보시스템을 기반으로 활용도를 높이고 고객관리 프로세스를 개선하는 데 중점을 두고 있다. 이를 위해 고객 데이터를 잘 분석하기 위한 노력도 활발하게 이뤄지고 있다.

CRM 솔루션을 도입하는 기업들도 과거처럼 패키지 솔루션을 맹신하기보다 활용도와 유연성에 초점을 두고 자체개발 방식을 선호하고 있다. 업계 한 전문가는 "기업들이 CRM을 IT 관점보다 프로세스 관점에서 보고 있다는 것은 CRM 프로젝트에 대한 재정의가 일어나고 있다는 뜻."이라며 "솔루션을 도입하더라도 비싼 패키지를 그대로 도입하기보다 자사의 실정에 맞게 프로세스와 데이터 분석체계를 갖춘 후 자체개발 방식으로 시스템을 구축하는 사례가 늘고 있다."고 설명했다.

앞서 2007년과 2008년에 LG카드(현 신한카드), 우리은행, 하나은행 등 주요 금융기관이 패키지 기반 CRM 시스템을 자체개발 시스템 기반으로 교체한 데 이어 올해 GS홈쇼핑이 시벨 패키지를 걷어내기도 했다. 시스템을 제대로 활용할 수 있는 프로세스와 조직체계를 갖추지 못한 상태에서 막연하게 고가의 패키지 솔루션을 도입하다 보니 활용도가 기대에 못 미쳤던 것이다.

지난해 말 CRM 프로젝트에 착수한 롯데홈쇼핑은 다른 유통회사들의 시행착오를 타산지석으로 삼아 고객 데이터를 수집하고 분석하는 체계를 갖추는 것과 이를 이용해 1대 1 타깃 마케팅을 활발하게 추진할 수 있는 방법론을 정립하는 데 우선순위를 두고 있다. TV · 온라인 · 카탈로그 등 각 채널을 통해 구입한 소비자들의 정보를 모두 데이터마트에 모은 후, 직원들이 이 정보를 기반으로 다양한 마케팅 활동을 할 수 있도록 프로세스를 정립하고 내재화하는 것이 핵심 내용이다.

롯데홈쇼핑은 이런 프로세스와 조직문화가 정착된 후 고객 및 마케팅 데이터가 큰 폭으로 늘어나 새로운 시스템을 도입하는 것이 불가피하다고 판단될 경우 관련 IT 인프라를 다시 정비하는 '선 전략 후 시스템 도입' 방침을 고수하고 있다. 이 일환으로 롯데홈쇼핑은 내년 초까지 1년여 동안 프로세스 확립, 데이터 축적 및 재구조화를 우선 추진한다는 계획이다.

이오순 롯데홈쇼핑 이사는 "2000년대 초반만 해도 많은 유통업체가 CRM 시스템 도입을 우선시했는데, 우리는 CRM 효과를 높이는 데 초점을 맞춰 프로젝트를 진행하고 있다."면서 "과도한 비용투자 없이 먼저 CRM 활용도를 높인 후 필요한 시스템은 추후에 도입해 나갈 계획."이라고 말했다.

또 최근 새로운 CRM 프로세스를 정립한 매일유업은 솔루션 도입보다 CRM 프로세스와 체계를 마련하는 데 중점을 두고 있는 최근 CRM 프로젝트의 특징을 잘 보여주는 사례다. 매일유업은 별도의 CRM 패키지를 도입하지 않은 상태에서 고객들의 제품 만족도를 높이는 것을 핵심목표로 CRM 프로젝트를 추진하고 있다.

예를 들어 고객이 매일유업의 자회사 쇼핑몰을 통해 제품을 구입할 경우 마일리지 사용을 가능하게 하는 것을 비롯해, 고객의 생애주기에 따라 매일유업 제품에 대한 친밀도를 계속 이어갈 수 있도록 '관계형성'에 주력하는 식이다. 매일유업 분유 제품을 먹으면 이후 우유와 발효 유제품도 매일유업 제품을 선택할 수 있도록 소비자들의 마음을 잡아간다는 것이다.

이 일환으로 매일유업은 고객과 관련된 모든 활동과 시스템을 '고객과 친밀한 관계형성'이라는 관점에서 바꿨다. 심지어 모든 고객 접점 활동과 전사 온라인 기획도 CRM실로 이관하고, CRM실에서 제품 홈페이지와 웹페이지 기획도 맡도록 했다.

한상철 매일유업 CRM부문장은 "IT를 먼저 도입하다 보면 기업의 핵심적인 정성적 지표들을 놓치고 데이터만 분석하려 한다."면서 "많은 기업이 CRM 프로젝트 후 기대한 만큼의 효과를 얻지 못한 것이 IT 중심의 접근방식 때문이라고 판단, 우리는 프로세스와 조직문화 개선을 먼저 시도하고 있다."고 말했다. 한 부문장은 또 "현재 진행 중인 활동의 성과가 분명해지는 내년 이후에 업무 효율성과 편의성 개선 차원에서 다차원분석(OLAP) 등 솔루션 도입을 검토할 계획."이라고 덧붙였다.

제일모직은 최근 CRM 프로젝트를 시작하면서 기존에 구축한 시스템의 활용도를 극대화하는 방안을 우선 고민하기 시작했다. 이귀석 제일모직 CRM PM은 "실무자들이 제대로 사용해야 CRM 시스템의 진가가 발휘되는데, 조직문화가 뒷받침되지 않으면 아무리 많은 정보를 모아도 쓸모가 없다."면서 "그래서 이미 보유한 시스템을 제대로 사용할 수 있도록 하는 데 주력하고 있다."고 설명했다. 제일모직은 지난해 하반기 CRM 프로젝트에 착수하기에 앞서 CEO 직속의 'CRM 추진위원회'를 조직하고 각 사업부장이 직접 CRM 시스템을 이용하도록 독려했다. 동시에 실무진 교육도 강화했다.

특히 빈폴, 갤럭시 등 약 40개에 달하는 각 매장의 영업 담당자 및 브랜드 MD가 직접 CRM 시스템을 사용해 제품 기획 및 마케팅에 활용할 수 있도록 했다. 사용하기 어려운 메뉴나 기능 등을 쉽게 바꾸는 등 활용도를 높이기 위해 노력했다. 이귀석 PM은 "기존 CRM 시스템은 일반 직원들이 사용하기가 쉽지 않았다."며 "정형지표를 나타내는 메뉴는 더 세분화하고 검색조건은 최소화해 간단한 정보입력과 클릭만으로도 원하는 분석결과를 얻을 수 있도록 했다."고 말했다. 특히 제일모직은 분석결과가 나열식 숫자가 아닌 그래프와 표로 나타나도록 기능도 수정했다. 사용자들이 한눈에 결과를 파악할 수 있도록 하기 위해서다.

올 초 CRM 프로젝트를 시작한 신세계 이마트도 고객 중심의 프로세스 개선을 핵심목표로 삼고 있다. 이마트 역시 기존 시스템을 제대로 활용하는 것을 최우선 과제로 내세웠다. 이마트는 올 가을 오픈을 앞둔 인터넷 쇼핑몰을 중심으로 기존 오프라인 매장 정보를 고객 관점에서 통합 관리할 계획이다. 고객정보는 존재하지만 구입기록이 없는 고객은 '보고 또 보고', 1회성 고객의 경우는 '잠자는 숲속의 공주' 등으로 친근감 있는 분류체계도 만들고 고객의 입장에서 제품 구매를 촉진할 수 있는 방안을 마련하고 있다.

CRM 프로젝트 주요 실패요인	기업들의 극복방안	주요 기업 최근 추진사례
조직과 프로세스에 대한 고민 없이 시스템부터 도입	• 시스템 도입보다 '프로세스' 우선시 • 마케팅 방법론 정립과 프로세스 정착 후 시스템 도입. 전사차원 의사결정 가능한 전담 추진조직	• 롯데홈쇼핑 : MCIF 방법론 따라 프로세스와 데이터 정립 후 시스템 도입 • 제일모직 : CEO 직속 CRM 추진위원회 구성
최종 소비자에 대한 정보수집 부족	• 온라인 구매성향 분석 강화 • 타업종 기업들과 전략적 제휴 • 멤버십 제도 활성화로 정보취합 및 활용도 제고	• 신세계 이마트 : 인터넷 쇼핑몰 소비자분석 강화하고 오프라인과 연계 • LG전자 : 온라인 웹페이지 및 고객 DB 통합 • 매일유업 : 보험사, 교육업체와 제휴
시스템 도입 후 활용도 제고 방안 미약	• 기능개선 등을 통해 현업 실무자 활용 독려 • 사용자 교육 강화	• 제일모직 : CRM 시스템 검색 기능 간편화하고 UI 개선

기업들의 CRM 프로젝트 실패요인과 극복방안

전문가들은 CRM 프로젝트 효과와 시스템 활용도를 높이기 위해서는 핵심성과지표(KPI)를 잘 만들어야 한다고 강조한다. 보통 IT투자는 적극적으로 하지만 CRM 프로세스에 KPI를 적용하는 기업은 거의 없는 게 현실이다. 김영걸 KAIST 교수는 "직원교육을 아무리 많이 해도 평가가 뒷받침되지 않으면 소용없다."며 "전사적으로 반드시 평가체계를 갖추고 그 지표를 개선하면서 프로세스를 개선해나가야 한다."고 강조했다.

CRM 성공하려면, 고객 '머릿속부터'

최근 에버랜드의 고민은 전체 방문객의 95%에 달하는 비회원 분석을 통해 마케팅을 강화할 수 있는 해법을 찾는 것이다. 한 해 800만 명 이상이 방문하지만 이 중 회원정보를 확인할 수 있는 고객은 20만~30만 명에 불과하다. 리조트사업의 경쟁이 점차 치열해지고, 디즈니 등 해외업체들의 국내 진출이 가시화되면서 정확한 고객정보 및 분석능력을 확보하는 것이 점점 더 중요해지고 있다.

이런 고민은 비단 에버랜드만의 이슈가 아니다. 많은 B2C 기업은 CRM 프로젝트를 추진하면서 고객정보를 어떻게 수집할 것인가를 놓고 고민을 거듭하고 있다. 예를 들어 유통업체를 통해 제품을 판매할 경우 판매결과에 대한 정보만으로는 마케팅 및 제품 기획에 활용하기가 쉽지 않다. 이러한 문제점을 해결하기 위해 최근에는 최종 소비자에 대한 데이터를 직접 수집하려는 움직임도 늘고 있다. 소비자 정보 수집 능력이 곧 CRM 역량과 직결된다는 인식이다.

한국타이어는 T-스테이션이라는 멤버십 제도를 운영하고 있다. 반면 경쟁사인 금호타이어는 별다른 멤버십 제도가 없다. 최종 소비자에 대한 데이터를 확보하는 것이 필요하다고 판단한 금호타이어는 지난해 15개가량의 대리점을 대상으로 고객 데이터를 취합해 각 대리점의 영업전략을 새롭게 마련하는 시범 프로젝트를 진행했다. 그동안은 각 대리점의 판매 데이터만 관리했는데, 대리점 별로 관리하던 고객 DB를 하나로 모아 분석한 결과 효과적인 마케팅 전략을 수립할 수 있었다고 한다.

SK그룹, 테스코 등은 멤버십 제도를 잘 활용하고 있는 사례다. 삼성테스코 홈플러스는 국내 할인점업계 최초로 멤버십카드를 발행하고 분석역량을 강화해 개별 DM을 발송했다. 최근에는 롯데마트가 고객 DB 분석을 통한 대량 맞춤화 전략 구현을 위해 CRM 프로젝트를 추진하고 있다.

이러한 멤버십 제도를 잘 활용하면 브랜드 별 통합 고객관리가 가능한 것은 물론이고 브랜드 간 교차판매를 촉진할 수도 있다. 아모레퍼시픽은 지난해부터 통합 멤버십 제도를 통해 설화수, 라네즈 등 브랜드 별로 분리돼 있던 고객 DB를 하나로 모으고 화장품 고객에 대한 통합분석 역량을 강화해나가고 있다.

제일모직도 교차판매 가능성이 높은 브랜드들을 대상으로 연관 판매 분석을 강화하는 등 교차판매를 활성화하기 위한 캠페인 전략을 마련하고 있다. 고객의 전 생애주기를 고려해 한 브랜드를 구매한 고객이 다른 브랜드도 구매할 수 있도록 하는 것이 핵심이다.

최근에는 인터넷과 모바일 기술의 발달로 고객정보를 확보할 때 새롭게 고려해야 할 사항들도 생겨나고 있다. 특히 스마트폰을 이용한 사이버 구매가 늘어나고, SNS 이용이 빠르게 확산되면서 최종 소비자 분석은 더 복잡해지고 있고 동시에 그 중요성이 더 높아지고 있다. 올 초 인터넷쇼핑몰 CRM 프로젝트를 시작한 신세계 이마트의 한 관계자는 "오프라인 매장은 소비자 행위에 대한 '결과'만 분석할 수 있지만 인터넷쇼핑몰은 제품을 집었다 놓는 등의 '의도'까지 알 수 있다."면서 "가격 민감형, 건강 민감형 등 유형별로 소비자들을 분류하는 것은 물론이고 좀 더 세밀한 타깃 마케팅도 가능하다."고 설명했다. 더 상세한 소비자 분석이 가능해진 것이다.

롯데닷컴은 최근 온라인 CRM 프로젝트를 하면서 고객의 장바구니 분석에 심혈을 기울이고 있다. 올해부터 CRM2.0 전략을 본격화하는 LG전자는 그동안 개별적으로 구축돼 있던 인터넷 포털을 통합하는 한편 온라인 고객 DB를 하나로 모으고, 소비자 분석 역량을 강화해나가고 있다. 온라인 타깃 마케팅을 본격화하기 위해서다. 매일유업은 고객 DB를 통합하고 이를 교차 판매 마케팅에 활용하기 위해 온라인 사이트를 모두 싱글 사인 온 기반으로 통합했다.

　스마트폰 사용자가 늘어나면서 모바일 쇼핑이 확대되고 있는 것도 소비자 분석 시 고려해야 할 부분이다. 김정수 DNI컨설팅 부장은 "기존 오프라인 매장에서는 멤버십 등을 사용하지 않고 결제하는 고객은 자세한 정보를 얻기 어려웠지만, 개인 소유의 스마트폰을 이용한 상품 결제가 늘어나면서 개인정보를 얻을 수 있는 기회가 많아지고 있다."면서 "이제 모바일 고객을 대상으로 한 CRM 전략이 새로운 화두로 부상하고 있다."고 말했다.

　SNS도 주목해야 할 현상이다. 한 사람의 메시지가 동시에 수백, 수천 명의 소비자에게 전달되고 이들의 마음을 움직일 수도 있는 만큼 앞으로 CRM 분석에서 반드시 고려해야 한다고 전문가들은 지적한다.

　　　　　　　　　　　　　　　　　　　　　전자신문 유효정 기자

　(출처 : "고객 아는 지름길 '프로세스'에 있다", 전자신문, 2010년 6월 13일자.)

Why CRM?

왜 CRM인가?

 Why CRM?

1. Socrates & CRM Q12 : 영화배우 박중훈 씨(@moviejhp)가 요즘 트윗하면서 느끼고 있을 CRM의 가치는? 2:43 PM Jun 11th via TwitBird iPhone

맞습니다. ^^ 또 다른 가치는? RT **@solidyun** 여러 단계를 거쳐서 받아보던 관객(고객?)들의 피드백을 직접적으로 알 수 있다는 것 아닐까요. 3:18 PM Jun 11th via TwitBird iPhone in reply to solidyun

CRM Q12 ans : 본인 영화의 무료홍보 및 지인 추천(4만 명×평균 100 followers=400만) + 관객과의 직접소통을 통한 지식공유 + 개봉초기 흥행기여? 9:27 PM Jun 11th via TwitBird iPhone

2. Socrates & CRM Q13 : 제품 market share와 고객 wallet share의 차이는? 이 중 wallet share 제고가 특히 중요한 산업은? 3:03 PM Jun 14th via TwitBird iPhone

멋진 답입니다! ^^ **RT @LeapOfChange** MS는 결과, WS는 미래. wallet share는 선택옵션이 많고 lock-in이 상대적으로 적은 유통 서비스 쪽 아닐까요? 7:55 PM Jun 14th via TwitBird iPhone in reply to LeapOfChange

역시 훌륭한 답이네요. ^^ **RT @seouljin** #13 m/s가 단지 시장에서 해당제품이 차지한 비중을 말한다면, w/s는 소비자의 한정된 자원 내에서 해당제품이 얼마나 소비되는가를. 후자의 경우 고객충성도가 바탕이 되어야 하므로 성숙기에 접어든 산업에서 좋은 차별화 전략이 될 것 같아요. 7:55 PM Jun 14th via TwitBird iPhone in reply to seouljin

훌륭합니다! ^^ **RT @Coolluck2U** M/S는 경쟁기업 대비 상대적 경쟁우위(점유율)이므로 신규고객 확보가 중요하며, W/S는 고객 소비액 중 자사 소비 비율을 의미하며 로열티의 척도로 쓰일 수 있음. 소비재 등 반복구매가 잦은 산업군에 중요함. 7:56 PM Jun 14th via TwitBird iPhone in reply to Coolluck2U wallet share 관련 지갑에 신용카드가 2장 이상이신 분들은 왜 1/N 씩 사용하지 않고 특정카드를 더 자주 쓰게 되는지 한번 생각해보시기 바랍니다. ^^ 8:00 PM Jun 14th via TwitBird iPhone

WS는 같은 상품군 내 경쟁제품 중 고객이 소비하는 비율. 꼭 사치품이 아니더라도 고객이 복수 사용하는 제품, 서비스(신용카드, 식당, 호텔, 백화점 등등)에 모두 중요하지요. ^^ 10:32 PM Jun 14th via TwitBird iPhone in reply to Creative_Jin wallet share 고객의 지갑 내 돈 중 그 회사 상품을 쓰는 데 사용한 돈의 비율이죠. 따라서 꼭 생활에 필요하지 않은 사치품의 경우 wallet share를 더욱 신경 써야 할 것 같은데요~ ^^

^^ RT @sukboi wallet share… 이놈 땜에 요즘 많이 고민하고 있슴다. ^^ 시장은 성숙했고 M/S도 사실상 고착화되다 보니 신규 컨버전스 사업에 대한 회사의 관심이 더욱 커질 수밖에 없네요~ 10:05 AM Jun 15th via TwitBird iPhone in reply to sukbo

3. Socrates & CRM Q37 : 국내에서 CRM 명예의 전당에 오를 만하다고 생각되는 기업/조직은? 추천 기준은? (본인 회사 추천하셔도 무방합니다. ^^) 3:31 PM Jul 13th via TwitBird

롯데백화점 OK, 삼성전자? **RT @Zzuuuuuuu** 삼성전자와 롯데백화점입니다. ^^ 상품보다도 강력한 CRM 노하우들. ㅎㅎ 9:22 PM Jul 13th via TwitBird in reply to Zzuuuuuu

^^ **RT @lovelybbo** OK캐시백이 SK가 맞나요. 처음 캐시백카드 나왔을 때 SK가 제대로 데이터 마케팅할 줄 알았으나 다소 실망--; 잘하는 회사는 현대카드! 지금의 모든 마케팅 전략이 고객기반 연구에 의한 것 같아요. 9:23 PM Jul 13th via TwitBird in reply to lovelybbo

RT @windhuni CRM의 특성상 카드사, 그중 특히 신한카드가 아닐까 생각합니다. 국내 최대 카드회사로서 회원들의 이용행태를 기반으로 성향을 매우 정확하게 분석하고 이를 마케팅에 효율적으로 활용하고 있습니다. 9:27 PM Jul 13th via TwitBird in reply to windhuni

아마도 고객들의 니즈 파악 및 2-way interaction을 온라인게임사보다 잘하는 업종이 드물 듯! ^^ **RT @Adaimantus** 블리자드 코리아, 혹은 NC소프트. 재미를 인생(?)으로 만드니까?! 9:31 PM Jul 13th via TwitBird in reply to Adaimantus

네, AS는 충성고객 창출의 근원입니다! ^^ **RT @Zzuuuuuuu** 삼성전자의 AS는 감동 수준이었습니다. 그래서 포함시켰고 AS가 CRM

에 포함 안 되는 영역이라면 삭제합니다. 스마트폰으로 갈수록 AS
는 강력한 요소일 수 있다고 생각합니다. 12:54 AM Jul 14th via TwitBird
in reply to Zzuuuuuu

Agree! ^^ RT @Creative_Jin SPC그룹의 파리바게트 추천합니다.
해피포인트와 다양한 고객 트렌드 분석을 통해 'fast bakery'라고
불릴 수 있을 만큼 제품을 빠르고 다양하게 출시하며 소비자의 입
맛을 사로잡는 듯합니다. ^^ 9:32 AM Jul 14th via TwitBird in reply to
Creative_Jin

Good! ^^ RT @Coolluck2U 저는 GS리테일을 추천합니다. 홍수
처럼 쏟아지는 할인점 쿠폰을 차별화하여 최근 3개월간 소비자가
가장 많이, 자주 구매한 품목을 나만의 쿠폰이라는 개인화된 쿠폰
으로 발행하여 반응률을 현저하게 높였다고 합니다. 10:02 AM Jul 14th
via TwitBird in reply to Coolluck2U

4. Socrates & CRM Q89 : CRM을 잘하는 기업들을 진단해보
면 예외 없이 고객중심의(기쁨 주고 사랑 받는) 기업문화를 가지고 있
다. 그렇다면 고객중심의 기업문화를 꽃피우기 위해 기업 경영진들
이 노력할 수 있는 부분은? 12:47 PM Sep 1st via TwitBird

RT @Creative_Jin 현장을 나가서 보게 하는 편이 가장 효과적이었던 것 같습니다. 과거 삼성전자에서 상품기획할 때 사장님이 전 마케팅 인력에게 대리점 순회를 시키셨는데, 사무실에서 못 느꼈던 많은 고객의 소리를 들을 수 있었습니다. ^^ 8:00 PM Sep 2nd via TwitBird

Good! ^^ **RT @lovelybbo** 고객중심 활동 우수사례 공유회를 통한 우수활동 및 우수자 포상^^ 다양한 형태의 교육/학습뿐 아니라 매년 성과평가 시 수행업무가 어떤 식으로 고객에게 가치를 제공했는지 기술하게 하는 식으로 평가에 반영. 8:08 PM Sep 2nd via TwitBird

RT @bluempathy Lead by example! 경영자가 고객을 얼마나 섬기는지 본보기를 보여줍니다. ex) 직접 트위터, 직접 고객 레터 쓰기, 고객 불만/만족 사례 청취 발표, 사내 고객만족 챔피언 선정, 고객 자녀 장학금, etc. 11:14 AM Sep 2nd via TwitBird

Yes! **RT @coreanito** 직원만족 향상을 위한 노력이 병행되어야 한다고 생각합니다. 훌륭한 기업문화는 모든 직원이 그것을 믿고 따를 때 이뤄질 수 있다고 생각합니다. 즉 외부 이미지와 내부 실체가 동일할 수 있도록 노력해야 합니다. 11:15 AM Sep 2nd via TwitBird

CRM Q89 코멘트 : 고객중심 기업문화 정착 위해 먼저 자사 직원에 대한 배려 및 고객 접점 직원들에 대한 문제해결 재량권 부여가 선행되어야. 에버랜드 1인1실 숙소 리조트 상근직원들에게 제공, 리츠칼튼호텔 방청소 직원에게 $2,000 고객문제 해결 재량권. 9:30 AM Sep 2nd via TwitBird

5. Socrates & CRM Q100 : CRM이란 무엇인가? 그 이유는?

* 지난 100일간 CRM 100문제를 함께 고민하며, 멋진 답변으로 열심히 참여해주신 모든 분들께 진심으로 감사드립니다! ^^ 홍릉 KAIST에서 김영걸 * 9:54 AM Sep 14th via TwitBird

^^ RT @Rascasha 기존의 고객관리에서 벗어나 고객과의 관계를 소중히 하고 회사와 고객 쌍방이 상생하여 나아갈 수 있게 만들어 주는 힘이라고 생각합니다. 그동안 수고하셨습니다. *^^* 12:17 PM Sep 14th via TwitBird

^^ RT @Creative_Jin 대단원의 막이군요~ CRM은 제가 생각했던 것보다 더 '치밀'하고, '폭넓게' 고객의 value를 설계해서, 사랑으로 돌아오게 하는 과정 같습니다. 12:20 PM Sep 14th via TwitBird

^^ RT @psy_steve 고객에 대한 이해를 기반으로 고객에게 더 나은 가치를 제공하는 것? ㅋㅋㅋ 수고하셨습니다, 교수님. 12:20 PM Sep 14th via TwitBird

^^ RT @CJDREAM CRM이란 수학이다. 목적 없는 수학은 단순한 숫자놀음이지만 목적 있는 수학은 인간이 사물을 이해하고 응용하는 데 큰 도움이 되었죠. CRM도 마찬가지죠. 고객 이해하는 데 가장 좋은 도구이고 조직(기업)에게는 필수죠. 12:21 PM Sep 14th via TwitBird

^^ RT @parkdove CRM이란? 기쁨 주고 사랑 받는 것이다. 그 이유는 지속적이고, 적절한 서비스와 정보를 제공함으로써, 고객의 신뢰를 얻고, 그 고객을 팬으로 만들어 핵심고객이 되게 하는 것이 중요하기 때문입니다. 수고 많으셨습니다. 3:09 PM Sep 14th via TwitBird

^^ RT @arim1004 CRM은 기업의 OS다. 기업의 존재목적은 고객이 존재함으로부터 시작되므로 고객중심의 CRM은 기업을 움직이는 운영시스템이다. 트위터를 시작하면서 교수님의 강의에 함께 동참할 수 있어서 감사했습니다. 3:10 PM Sep 14th via TwitBird

^^ RT @LuxferreJ CRM은 부모/연인의 마음. 자식(고객)이 원하

는 것을 알고 해결해주고 바람(경쟁사)을 피우지 않도록 사랑과 신뢰를 주고받는 관계. 거기에 효율적 밀고 당기기(퍼주기식의 고객서비스 No!)도 필수지요. 수고하셨습니다. 3:13 PM Sep 14th via TwitBird

Wow! ^^ RT @highersun 'Q.100' 'C'reate value thru 'R'esearching customer's data and finally 'M'ake profit for your business. 즐거운 강의 감사드립니다. 3:14 PM Sep 14th via TwitBird

^^ RT @totocca 나(기업)의 가치를 고객의 가치와 동일시하는 것에서 출발, 고객이 그 가치를 깨닫고 나(기업)에게 기꺼이 다가서게 만드는 것. 소크라테스와 CRM 교육방식, 그리고 리트윗이 그 이유이자 진정한 고객관리의 모습! ^^ 3:16 PM Sep 14th via TwitBird

^^ RT @Zzuuuuuuu Q100. CRM은 파워브랜드라는 산을 오르기 위한 등산가에게 셰르파 같은 존재죠. 그간 가르침 감사합니다. 금욜에 뵙겠습니다. ^^ 3:17 PM Sep 14th via TwitBird

Yes! ^^ RT @simjtak 고객을 자사 충성고객으로 만들고자 하는 방법론과 시스템을 포함한 도구를 사용한 실천, 궁극적으로 고객의 가치상향을 통해 회사의 이익증대를 꾀하는 것, 바로 그것(win-win). 3:18 PM Sep 14th via TwitBird

^^ **RT @mssunah** CRM은 듣는 것이다. 들어야 CRM 활동을 시작할 수 있는 것 같습니다. 100일 동안 너무 멋진 활약… 교수님 완전 멋있으세요. 3:19 PM Sep 14th via TwitBird

^^ **RT @Coolluck2U** 'Q100' 드디어 100번! CRM은 처음과 끝. CRM 업무를 하다 보면 때로 어렵고, 힘든 상황에 부딪히지만, 고객관점의 원칙과 고객/기업 간 공정한 가치교환 노력이 항상 정답이었습니다. 즐거운 100가지 여행이었습니다. 8:44 PM Sep 14th via TwitBird

^^ **RT @lkwiseok** CRM은 기업이 고객을 이해함으로써, 고객을 위한 가치, 고객으로부터 얻는 가치를 균형 있게 발전시킬 수 있는 고객지향적 경영 프로세스로 생각됩니다. 그동안 많이 고민하게 해주신 교수님께 진심으로 감사드립니다. 8:44 PM Sep 14th via TwitBird

^^ **RT @kerenice** 고객과 개인적인 관계를 맺고 친한 친구 되기… 심심할 때 먼저 전화해서 만나자고 하고픈, 어려울 때 맨 먼저 생각나는, 아낌없이 도와줄 수 있는 친구 되기… 고생하셨습니다! 4:49 PM Sep 15th via TwitBird

^^ **RT @youngduck2052** 'A100' CRM이란 root와 basic. 모든 사

업의 근본은 뿌리가 있는 것이며, 문제의 핵심을 찾을 때면 언제나 고객에게 해답이 있고, 고객을 이해하기 위해서는 기본으로 돌아가야 쉽게 풀리기 때문! 10 : 44 AM Sep 16th via TwitBird

KAIST CRM 특강 신청자 분들께 : 내일 특강은 홍릉 KAIST 경영대학 7호관 7114호에서 7시 30분~9시 진행됩니다. 7시부터 간단한 샌드위치와 음료 serve, 9~10시 교내 카페에서 조촐한 종강파티 예정입니다. 내일 뵙겠습니다! ^^ 10 : 53 AM Sep 16th via TwitBird

저도 창천해인님 기억에 남을 것 같습니다! ^^ RT @bluempathy 내 인생에 기록될 2010년의 북마크에는 트위터와 김영걸 교수님 그리고 CRM이 먼저 보일 것이다. 감사합니다, 교수님. 이제 다시 숫자 1을 보여주십시오 : D 1 : 43 PM Sep 18th via TwitBird

^^ RT @youngduck2052 100문 1000답의 KAIST 수업을 마치며 배운 것은 유대인들의 질문을 통한 자녀학습과 같은 배려!! ♥ #자녀가 학교에 다녀오면 1)한국 부모 : 오늘 뭐 배웠어요? 2) 유대 부모 : 오늘 무슨 질문했어요? 4 : 07 PM Sep 18th via TwitBird

EPILOGUE

강호의 고수들과 함께한 CRM 실전기

트위터로 단문을 툭툭 주고받으며 가볍게 시작한 강의였다. 하지만 회를 거듭할수록 "소크라테스와 CRM" 수강생들은 자신만의 다양한 경험과 통찰력으로 나를 놀라게 하였다. 이런 강호의 고수들이 그동안 어디에 숨어 있다가 일제히 나타난 것일까? 도대체 이들은 누구일까?

온라인 질의응답만으로 해결할 수 없는 갈증을 풀기 위해 마련한 두 번의 오프라인 특강 모임은 나의 의문을 말끔히 풀어주었다. 티켓링크의 여환주 대표, 오라클에서 CRM 솔루션을 관장하는 박세진 상무, 매일유업에서 엄마 배 속에 있는 분유고객까지 파악하고 있는 한상철 CRM 부문장, 제일모직 패션사업부문의 이귀석 CRM 팀장, LG전자의 CRM 담당 신성기 과장, KT IT기획팀 임미숙 부장, 이마트 한우석 고객기획팀장, NHN 네이버 뮤직서비스 우승현 부장, CJ오쇼핑의 강철구 고객인사이트 팀장 등, 실로 다양한 국내 유수 기업들의 고객관리/마케팅 전문가들이 나의 트위터 CRM 수업 수강생들이었던 것이다!

이 책에서 나의 역할은 그다지 크지 않다. 나는 그저 질문만 던졌을 뿐이고 독자들이 궁금해할 정답은 모두 수강생들의 고민과 실험, 시행착오를 통해 제시되었기 때문이다. 일례로 신세계 정용진 부회장(@yjchung68)은 "반성합니다… 에고. 어떡하나. 오늘도 생선을 막 주고 있으니."라며 기업 수장(首長)으로서의 고민을 토로하기도 했다.

프롤로그에서 미리 언질을 드렸듯이 트위터 상의 대화가 주된 내용이다 보니 책의 형식도 트위터 방식을 따랐고, 따라서 이 책의 형식은 지극히 '사용자 비친화적'이다. 하지만 'Form follows function'이라는 말이 있듯이 내용만은 국내외 어느 CRM 관련 자료보다도 전문적이고 또 실전 문제해결 중심이라고 감히 자부한다.

마지막으로, 세상 어디에서도 찾아볼 수 없는 트위터 강의록을 일반 독자들이 보다 쉽게 이해할 수 있도록 세밀한 편집과 교정으로 업그레이드해주신 쌤앤파커스에 감사의 뜻을 전한다.

김영걸

지은이 김영걸

서울대학교 산업공학과에서 학사, 석사학위를, 미국 미네소타 대학에서 정보시스템 분야로 경영학박사 학위를 취득했다. 피츠버그 대학 경영대학원 교수를 거쳐 1993년부터 KAIST 경영대학에 재직 중이며 현재 경영대학 교수/연구담당 부학장 및 정보미디어경영대학원 원장직을 맡고 있다. KAIST 우수강의 대상, 과학기술부 우수 연구 대통령 표창, 국제의사결정학회 및 한국경영정보학회, 한국지식경영학회의 최우수 논문상을 수상한 바 있다.

초기 정보기술 분야의 교육/연구를 바탕으로 지난 10여 년간 지식경영, 고객관계관리 분야로 연구주제를 진화시켰고 최근에는 엔터테인먼트 및 미디어산업에 특화된 비즈니스 모델 및 전략 연구에 집중하고 있다. 삼성그룹 사장단 정보화교육 책임교수, 전국 검사장 혁신교육 책임교수, 맥킨지코리아 정보기술 자문교수, 포스코 지식경영 자문교수직 등을 역임했으며 CGV, 제일모직, 매일유업, 세종문화회관, 아산병원 등 국내 유수 기업/기관들의 CRM 현황을 진단한 바 있다. 현재 〈조선일보〉 위클리비즈에 "김영걸 교수의 CRM Clinic" 칼럼을 기고하고 있다.

함께 읽으면 좋은 책들

대한민국 최고의 전략가 송병락 교수가 말하는
인생과 비즈니스 전쟁에서
반드시 이기는 전략!

★★★★★
기업주문
쇄도

전략의 신 송병락 지음 | 18,000원

지금 당장, 당신에게는 써먹을 수 있는 '전략'이 있는가? 역사와 비즈니스 속의 위대한 전략가들의 흥미진진한 읽을거리는 물론 독자들이 지금에라도 당장 써먹을 수 있는 전략이 한 상 가득하다. 세상의 패러다임을 읽고, 기상천외한 방법으로 상대를 무력화하고, 강한 상대와 싸워 이기는, 우리가 쓸 수 있는 세상의 모든 전략을 배운다.

왜 일하는지, 어디로 가는지, 어떻게 하는지, 누가 무슨 성과를 냈는지
보이게 일하라! 사람이 크고 결과가 달라진다!
이제는 보이게 일하는 조직만 살아남는다!

★★★★★
경제경영
베스트셀러

보이게 일하라 김성호 지음 | 15,000원

최고의 기업들에게 '혁신'은 말로만 외치는 공허한 구호가 아니라 일상적인 행동이자 사고 습관이다. 페이스북, 구글, 토요타, 애플 등이 실천하고 있는 '오픈 이노베이션'의 모든 것을 알려주는 책. 조직의 비전, 목표, 프로세스, 공유와 협업, 평가와 보상 등 모든 것을 투명하게 공유하는 노하우를 총망라했다.

사원에서 CEO까지, 업業의 본질을 꿰뚫기 위해 꼭 읽어야 할 책!
상품이 아니라 가치를 팔아라!

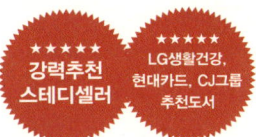

★★★★★
강력추천
스테디셀러

★★★★★
LG생활건강,
현대카드, CJ그룹
추천도서

모든 비즈니스는 브랜딩이다 홍성태 지음 | 18,000원

동네빵집도 '브랜드' 없이는 살아남기 힘든 시대. 이제는 소비자의 마음에 어떠한 인식을 심어주느냐가 기업의 성패를 좌우한다! 경영학계 최고 권위자 홍성태 교수가 소비자 심리 관점에서 브랜드 컨셉을 도출하고 브랜드 체험을 관리하는 7가지 요소를 통해 브랜딩의 전 과정을 체계적으로 안내한다.

바보는 고객을 유혹하려 하지만 선수는 고객이 스스로 선택하게 만든다
"팔지 마라!
이제 고객이 스스로 사게 하라!"

★★★★★
마케팅/
세일즈 분야
스테디셀러

팔지 마라, 사게 하라 장문정 지음 | 18,000원

바보는 고객을 유혹하려 하지만, 선수는 고객이 스스로 선택하게 만든다! 끊임없이 고객의 마음을 읽고 반응해야 하는 설득의 최전선, 치열한 마케팅 전쟁터에서 살아남기 위해 반드시 습득해야 할 '장문정식' 영업전술 교본. 공격적이고 군더더기 없는 설명으로 마케팅과 세일즈의 핵심을 통쾌하게 파헤친다.